MARINILZA BRUNO DE CARVALHO
(ORGANIZADORA)

INOVAÇÃO EM SAÚDE:
Uma Nova Era

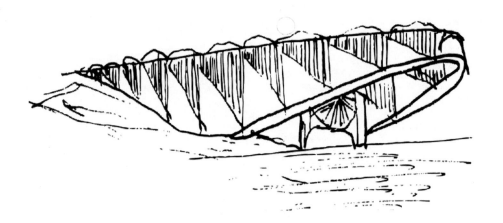

MARINILZA BRUNO DE CARVALHO
(ORGANIZADORA)

INOVAÇÃO EM SAÚDE:
Uma Nova Era

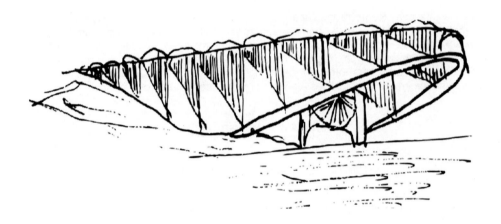

Inovação em Saúde: uma nova era

Copyright© *Editora Ciência Moderna Ltda.*, 2019

Todos os direitos para a língua portuguesa reservados pela EDITORA CIÊNCIA MODERNA LTDA.

De acordo com a Lei 9.610, de 19/2/1998, nenhuma parte deste livro poderá ser reproduzida, transmitida e gravada, por qualquer meio eletrônico, mecânico, por fotocópia e outros, sem a prévia autorização, por escrito, da Editora.

Editor: Paulo André P. Marques
Produção Editorial: Dilene Sandes Pessanha
Capa: Caíque Nunes e Ismael Souza da Silva
Diagramação: Daniel Jara
Copidesque: Equipe Ciência Moderna

Várias **Marcas Registradas** aparecem no decorrer deste livro. Mais do que simplesmente listar esses nomes e informar quem possui seus direitos de exploração, ou ainda imprimir os logotipos das mesmas, o editor declara estar utilizando tais nomes apenas para fins editoriais, em benefício exclusivo do dono da Marca Registrada, sem intenção de infringir as regras de sua utilização. Qualquer semelhança em nomes próprios e acontecimentos será mera coincidência.

FICHA CATALOGRÁFICA

RITTO, Antonio Carlos de Azevedo; CARVALHO, Marinilza Bruno de. (Orgs.)

Inovação em Saúde: uma nova era

Rio de Janeiro: Editora Ciência Moderna Ltda., 2019.

1. Gestão de Serviços de Saúde
I — Título

ISBN: 978-85-399-1058-8   CDD 613

Editora Ciência Moderna Ltda.
R. Alice Figueiredo, 46 – Riachuelo
Rio de Janeiro, RJ – Brasil   CEP: 20.950-150
Tel: (21) 2201-6662/ Fax: (21) 2201-6896
E-MAIL: LCM@LCM.COM.BR
WWW.LCM.COM.BR

Prefácio

Certamente, o grande desafio que está colocado para a área de saúde é Gestão. A área de saúde vive um momento de profundas mudanças aceleradas e intensificadas por tecnologia e inovação. Realidades distintas convivem no mesmo ambiente desafiando profissionais de saúde no seu dia a dia, tenso, muitas vezes no limite da dor e da vida.

Sistemas de prontuários antigos, em papel, e muitas vezes com dificuldades de acesso às informações do paciente, convivem com recursos de diagnóstico e de intervenção apoiados por mecanismos com base em inteligência artificial, telemedicina, testes genéticos, diagnósticos por videoconferência etc.

Vive-se um ponto de inflexão onde o antigo convive com o novo desafiando os profissionais de saúde e obrigando a inéditos processos e formas de Gestão.

Na área de Empreendedorismo, sobretudo quando em ambiente de tecnologia e inovação, quanto maior o problema, maiores as oportunidades de evolução. Na área de saúde, e, sobretudo, na gestão em saúde, é mandatória a busca e implantação de novos métodos que possibilitem lidar com os desafios de tamanhas transformações.

O debate no setor da saúde, inovação está relacionada com o propósito de melhoria de condições sanitárias e de esperança em relação à cura de doenças e suas adoções envolvem estratégias interdisciplinares e intersetoriais com ênfase nas inovações organizacionais e de processos, mais do que nas inovações de produtos, ainda que por eles provocados. Há um desafio evidente na Gestão de todos estes processos emergentes.

VI — Inovação em Saúde: uma nova era

Há algumas décadas, cuidados com a saúde significava consulta médica com avaliações clínicas e laboratoriais e intervenções específicas.

Hoje a medicina permite diagnósticos cada vez mais precisos e tratamentos personalizados cada vez mais eficientes, específicos, especialistas.

Aplicativos digitais monitoram sinais vitais, emitem diagnósticos e os profissionais de saúde têm acesso a informações a respeito do estado físico dos pacientes. Já se podem saber, em alguma medida, doenças que as pessoas poderão ter ao longo da vida e como tratá-las de acordo com as especificidades dos seus genes.

Tudo de forma rápida e com possibilidade grande de acerto. Certamente, muitas promessas destas tecnologias parecem com ficção científica, mas as previsões sobre a medicina do futuro não ficam apenas na ideia e nas propostas e muitas soluções já são aplicadas e muitas outras são sustentadas em pesquisas já existentes, algumas em estado bem avançado.

Referimo-nos a medicina do futuro como uma evolução do conhecimento médico associado com o desenvolvimento e domínio das tecnologias de ponta, emergentes e que reúne as inovações em diferentes segmentos da saúde.

Tudo isso reunido nos coloca diante de desafios novos dentre os quais se destaca a Gestão da área de Saúde.

Novos instrumentos de tecnologia, novos procedimentos, novos conhecimentos, novas especialidades, descentralização do atendimento com consideração de particularidades nos locais, manutenção de equipamentos, gestão de redes de comunicação de grande sensibilidade, gestão de pessoas de vários níveis, dentre muitos outros aspectos, nos revela o desafio da gestão.

Por ser assim, iniciativas como esta de reunir profissionais para discutir e escrever sobre estas questões em busca de questionamentos e propostas de solução se revestem de grande importância, sobretudo neste momento em que, a todas estas evoluções nos campos da tecnologia e da medicina, somam-se novas perspectivas também no campo político.

Saúde, seja pela sua abrangência, pela sua importância no tratamento e no cuidado com as pessoas, pelos custos envolvidos, pelo permanente enfrentamento com as emergências, precisa mesmo ser discutida e rediscutida.

Professor Ruy Garcia Marques
Reitor da Universidade do Estado do Rio de Janeiro - UERJ

Autores
(Ordem Alfabética)

Alexandra Monteiro
Médica. Mestrado e Doutorado em Medicina. Acadêmica Titular da Academia de Medicina do Estado do Rio de Janeiro. Professora Associada na Faculdade de Ciências Médicas UERJ. Líder do Grupo de Pesquisa no CNPq Telemedicina e Telessaúde UERJ. Coordenadora da Unidade de Desenvolvimento Tecnológico Laboratório de Telessaúde UERJ. Coordenadora do Programa de Pós-Graduação stricto sensu Telemedicina e Telessaúde UERJ, curso Mestrado Profissional em Telemedicina e Telessaúde. Coordenadora do Programa de Extensão em Telemedicina e Telessaúde UERJ. Editora-chefe do Jornal Brasileiro de Telessaúde. Diretora da Região Sudeste, Associação Brasileira de Telemedicina e Telessaúde. [Áreas de interesse] Telemedicina; Telessaúde; Radiologia e Diagnóstico por Imagem (Pediátrica).

Antonio Carlos de Azevedo Ritto
Pós-Doutor pelo Programa de História das Ciências das Técnicas e da Epistemologia da UFRJ (2003), Doutor em Ciências Informáticas pela PUC-Rio (1994), Mestre em Ciências da Computação pela UFPe (1980), Graduado em Matemática pela UFPe (1977). Professor Associado da UERJ, onde trabalha com Tecnologia Social e ministra Disciplinas nas áreas de Transdisciplinaridade, Gerência em Informática, Informática na Educação. Trabalha também, na UERJ, nas áreas de Modelos de Tomada de Decisão e Modelagem Organizacional e Tecnologia Social. Coordenador do Escritório de Projetos do Departamento de Inovação da UERJ.

Barbara Grisolia
Graduação na Faculdade de Odontologia, Universidade Federal do Rio de Janeiro – UFRJ (2010-2014). Graduação Sanduíche na Middlesex University, London, United Kingdom (2013-2014). Especialização em Odontopediatria, UFRJ (2015-2016). Mestre em Odontopediatria, UERJ (2016-2018) Doutoranda em Odontopediatria UERJ. Áreas de Interesse: Odontologia – Odontopediatria.

Carlos Augusto Ferrari Sabino
Possui graduação em Medicina, residência em Saúde Coletiva, especialização em Gestão em Saúde e mestrado em Sistemas de Informação, todos pela Universidade do Estado do Rio de Janeiro. Tem experiência na área de sistemas de informação no âmbito de gestão e também assistencial, tanto em desenvolvimento quanto em implantação, além de outras atuações em atividades de administração do setor. Atua também como médico, com atividades de atendimento ambulatorial.

Denizar Vianna Araujo
Graduação em Medicina (1989), Residência em Medicina Interna (1992), Mestrado em Medicina (Cardiologia) pela Universidade do Estado do Rio de Janeiro (1995), MBA pelo COPPEAD / Johns Hopkins University (1998) e Doutorado em Saúde Coletiva pelo Instituto de Medicina Social da Universidade do Estado do Rio de Janeiro (2004). Possui capacitação em Prática Clínica baseada em Evidências pelo método da McMaster University (2006). Professor Associado da Faculdade de Ciências Médicas da Universidade do Estado do Rio de Janeiro. Coordenador de Centro de Excelência em Avaliação Econômica e Análise de Decisão da ProVac Network - Pan American Health Organization (PAHO). Consultor do Inter-American Development Bank. Membro-colaborador da Rede Brasileira de Avaliação de Tecnologia em Saúde (REBRATS) do Departamento de Ciência e Tecnologia (DECIT) do Ministério da Saúde. Pesquisador do Comitê Gestor do Instituto Nacional de Ciência e Tecnologia para Avaliação de Tecnologias em Saúde (IATS) CNPq/Brasil. Coordenador de Pesquisa da Faculdade de Ciências

Médicas da Universidade do Estado do Rio de Janeiro. Member Editorial Advisory Board of The Value in Health Regional Issues. Tem experiência na área de Economia da Saúde, atuando principalmente nos seguintes temas: Epidemiologia Clínica, Avaliação de Tecnologia em Saúde e Farmacoeconomia.

Dercio Santiago Jr
Engenheiro Mecânico pela Universidade Gama Filho (1989) e Advogado pela Faculdade Moraes Junior-Mackenzie Rio (2009); Mestre em Administração pelo COPPEAD/UFRJ (1996) e Doutor em Saúde Coletiva (ênfase em gestão de saúde) pelo Instituto de Medicina Social IMS/UERJ (2003). Atualmente é Professor Adjunto no Departamento de Engenharia Industrial (DEIN) da Faculdade de Engenharia (FEN) da Universidade do Estado do Rio de Janeiro (UERJ), Coordenador de Serviços Técnicos no Hospital Universitário Pedro Ernesto da UERJ e Consultor Ad-Hoc.

Felipe Jannuzzi
Jornalista, Especialista em Comunicação e Saúde pelo Instituto de Comunicação e Informação Científica e Tecnológica em Saúde da Fundação Oswaldo Cruz – ICICT / FIOCRUZ. Editor executivo da Revista Adolescência & Saúde, periódico científico oficial do Núcleo de Estudos da Saúde do Adolescente da Universidade do Estado do Rio de Janeiro – NESA / UERJ. Rio de Janeiro, RJ, Brasil. E-mail: felipejannuzzi1@gmail.com

Luís Cristóvão de Moraes Sobrino Pôrto
Possui graduação em Medicina pela Universidade do Estado do Rio de Janeiro (1980), doutorado em Biologia Humana pela Université Claude Bernard-Lyon I (1990). Professor titular, diretor da Policlínica Piquet Carneiro e coordenador do Laboratório de Histocompatibilidade e Criopreservação do Instituto de Biologia Roberto Alcantara Gomes da UERJ. Tem experiência em biologia celular e tecidual, histocompatibilidade e patologia clínica e atua, principalmente, nos

seguintes temas: reparo tecidual, transplante de órgãos, hepatites e gestão em medicina laboratorial.

Maria Isabel de Castro Souza
Graduada em Odontologia pela Universidade do Estado do Rio de Janeiro (1993), Mestre em Odontopediatria pela Universidade do Estado do Rio de Janeiro (1997) e Doutora em Odontologia pela Universidade Federal do Rio de Janeiro (1999). Foi Coordenadora de Graduação (2004-2007), Vice-diretora (2008-2011) e Diretora da Faculdade de Odontologia da UERJ (2012-2015). Diretora do Departamento de Estágios e Bolsas (CETREINA/UERJ - 2016/2017). Foi Subsecretária de Ciência e Tecnologia/SECTIDS/RJ (abril a julho 2017) e Presidente da Faperj (Julho/agosto 2017). Tem experiência na área de Odontologia, com ênfase em Odontopediatria, Saúde Coletiva e Telessaúde, atuando principalmente nos seguintes temas: cárie dentária, cimentos ionoméricos, saúde bucal, TRA e Odontopediatria. Professora Associada da disciplina de Saúde Bucal Coletiva da FOUERJ. Coordenadora desde 1999 do Curso de Técnico em Saúde Bucal da FOUERJ. É Coordenadora da área de Odontologia da Universidade Aberta do SUS (Unasus) e Membro do Corpo docente do Curso de Mestrado Profissional em Telemedicina e Telessaúde UERJ. Professora Titular da UERJ.

Marinilza Bruno de Carvalho
Possui doutorado em Educação pela Universidade Federal do Rio de Janeiro (2005), mestrado em Engenharia de Sistemas e Computação pela Universidade Federal do Rio de Janeiro (1977), bacharelado em Matemática pela Universidade Federal do Rio de Janeiro (1973), licenciatura em Matemática pela Universidade Federal do Rio de Janeiro (1972). Atualmente é Professora Associada da Universidade do Estado do Rio de Janeiro. Tem experiência na área de Ciência da Computação, com ênfase em Sistemas de Informação, atuando principalmente nos seguintes temas: Tecnologia, Avaliação, Inovação Tecnológica, Empreendedorismo, Propriedade Intelectual, Gestão de Conhecimento e Tecnologia Social.

Thaís Spiegel
Doutorado em Engenharia de Produção pelo Instituto Alberto Luiz Coimbra de Pós-Graduação e Pesquisa de Engenharia (2013)
Professora Adjunta da Universidade do Estado do Rio de Janeiro..

Sumário

Capítulo 1
Educação na e para a Saúde: Desafios e Avanços no Século Xxi................. 1
1.1 Educação Profissional Mediada por Tecnologias 5
1.2 Gamificação e Saúde 11
1.3 Adesão e Engajamento 14
1.4 A Universidade do Estado do Rio de Janeiro e a Telessaúde 18
Bibliografia................ 20

Capítulo 2
Comunicação e Saúde: Interfaces e Construções........................ 27
2.1 Introdução 27
2.2 Divulgação Científica: Um Desafio Constante 29
2.3 Jornalismo Científico, Trabalho de Sensibilidade e Perseverança 31
2.4 Novas Tecnologias e Saúde de Jovens e Adolescentes..................... 34
    2.4.1 Espelho Distorcido................ 38
    2.4.2 Alfabetização Digital 40
    2.4.3 Adolescência Como Construção Social................ 41
2.5 Um Exemplo de Humanização no SUS................ 42
    2.5.1 A Interface Entre Educação, Comunicação e Saúde................ 44
    2.5.2 Aportando Alternativas 45
2.5.3 Ampliando o Olhar................ 48
Bibliografia................ 50

Capítulo 3
A Ciência e a Sociedade........................ 53
3.1 Um Momento de Intensas Mudanças................ 56
3.2 Inovações e Suas Consequências................ 58
3.3 Aspectos Éticos em Saúde com Adoção de Inovação 59

3.4 Gestão Inovadora 62
3.5 Considerações Finais 64
Bibliografia 65

Capítulo 4
Custo na Saúde 67
  4.1 Introdução 67
  4.2 Estudo do Custo da Doença 70
      4.2.1 Custos Diretos 71
      4.2.2 Custos Indiretos 71
  4.3 Análise Econômica em Saúde 72
      4.3.1 Análise de Custo-Efetividade 73
      4.3.2 Análise de Custo-Benefício 74
      4.3.3 Análise de Custo-Utilidade 74
      4.3.4 Análise de Custo-Minimização 75
  4.4 Análise De Impacto no Orçamento 75
  4.5 Etapas Da Análise Econômica em Saúde 75
  4.6 Estudos Econômicos Realizados no Brasil 79
      4.6.1 Impacto Econômico dos Casos de Doença Cardiovascular Grave no Brasil: Uma Estimativa Baseada em Dados Secundários 80
      4.6.2 Custo Anual do Manejo da Cardiopatia Isquêmica Crônica no Brasil. Perspectiva Pública e Privada 80
      4.6.3 Estimativa do Custo da Insuficiência Cardíaca no Sistema Único de Saúde 81
      4.6.4 Custos Comparativos entre Revascularização Miocárdica com e sem Circulação Extracorpórea 82
      4.6.5 Análise dos Valores SUS para a Revascularização Miocárdica Percutânea Completa em Multiarteriais 83
      4.6.6 Análise de Custo-Efetividade do Tratamento da Hipertensão Arterial no Brasil 83

4.6.7 Estimativa do Impacto Orçamentário com o Tratamento da Hipertensão Arterial no Brasil 84
4.6.8 Custo-Efetividade de Desfibrilador Implantável no Brasil nos Setores Públicos e Privado 84
4.6.9 Análises de Custo-Efetividade dos Stents Farmacológicos e Stents Convencionais para Doença Coronariana 85
4.7 Estudo Econômico na Sepse 85
4.8 Considerações Finais 88
Bibliografia 89

Capítulo 5
Gestão da Inovação na Saúde 93
5.1 Inovação na Saúde 93
5.2 Inovação e Cultura 94
5.3 A Globalização e a Inovação Aberta 96
5.4 Modelos de Inovação na Gestão 98
5.5 Metodologias e Processos para Inovar na Gestão 100
    5.5.1 - Inovação na Gestão da Saúde 100
5.6 Considerações Finais e Proposições 101
Bibliografia 102

Capítulo 6
Informação na Saúde 105
Bibliografia 121

Capítulo 7
Gestão Pública com Protagonismo Social para Impulsionar Participação, Criatividade e Inovação 129
7.1 Introdução 129
7.2 Novos Grupos de Pensamentos e Percepções 131

7.3 Aprendendo a Inovar 133
7.4 Case UERJ de Inovação 136
7.5 Conclusão 140
Bibliografia 140

Capítulo 8
Conclusão **143**

Capítulo 1

Educação na e para a Saúde: Desafios e Avanços no Século XXI

Alexandra Monteiro
Barbara Grisolia
Maria Isabel de Castro Souza

Uma das imagens mais emblemáticas do ensino, inclusive na saúde, é a sala de aula do século IXX onde o professor apresenta o conteúdo de pé diante de alunos sentados. Esse cenário, paradoxalmente, ainda permanece no século XXI no contexto de uma nova realidade de relacionamento entre pessoas a partir da liberação, pelos Estados Unidos da América, da comercialização da rede de Internet em 1987. A comunicação em rede revolucionou o agir e o pensar de bilhões de usuários pelo mundo repercutindo, também, no processo de ensino-aprendizagem do indivíduo.

A Educação, um processo contínuo de ensino-aprendizagem, é o conjunto de todas as bases para que uma pessoa tenha o conhecimento e a aprendizagem suficientes para poder viver em plenitude na sociedade. Esta engloba o desenvolvimento de atitudes, habilidades e competências que perpassam pelo ensino. O ensino é, habitualmente, o que o indivíduo aprende na sala de aula sendo, portanto, inexorável à necessidade de mudança de paradigmas no ensino e na educação, sobretudo, a partir da Revolução Industrial 4.0.

A história das revoluções industriais está fortemente relacionada às demandas e as modificações na Sociedade. A Primeira Revolução Industrial foi um processo iniciado na Inglaterra, aproximadamente na metade do século 18, que teve como um dos principais acontecimentos a invenção da máquina a vapor o que trouxe modificações significativas na economia e na sociedade gerando, por exemplo, o aumento da quantidade de profissões. A Segunda Revolução Industrial, entre meados do século IXX e meados do século XX, permitiu que os diversos inventos produzidos nesse intervalo de tempo pudessem ser produzidos em larga escala e comercializados. Esse avanço tecnológico passou a atingir um ritmo bastante acelerado, incluindo a criação da Internet em 1969, e se intensificou a partir da segunda metade do século 20, na Terceira Revolução Industrial, com o lançamento contínuo de novos produtos, o desenvolvimento de novas máquinas e o aprimoramento de equipamentos de informática e de robôs. Essa inovação e convergência de tecnologias resultaram na Quarta Revolução Industrial que está trazendo uma necessidade de disrupção dos modelos tradicionais de educação e nas demandas do Mercado onde é esperado o desaparecimento e o remodelamento das profissões. A sociedade digital, por conseguinte a saúde digital, elimina barreiras geográficas, culturais e socioeconômicas interferindo, diretamente, na necessidade de inovação na educação de tal forma que o conhecimento precisa ser multidisciplinar, interdisciplinar e até mesmo transdisciplinar. Igualmente, temos que formar mentes criativas e empreendedoras capazes de desbravar o potencial desta inesgotável transformação digital.

Nesse contexto, estão inseridos os desafios para a transformação da Educação em Saúde de forma tradicional para a Educação em Saúde mediada por tecnologias.

A Saúde tem peculiaridades estabelecidas pela Constituição Federal Brasileira de 1988 que delineia o Sistema Único de Saúde (SUS) e propõe o atendimento integral como uma de suas diretrizes. Legalmente, a integralidade é definida como o conjunto articulado e contínuo das ações e serviços preventivos e curativos, individuais e coletivos, exigidos para cada caso e para todos os níveis de complexidade do sistema. Esta visão holística demanda, portanto, que a formação de pessoas para atuar na Saúde inclua temas como a bioética, a humanização e a espiritualidade em contraponto ao distanciamento provocado pela transformação digital e a intermediação das tecnologias. Outrossim, o profissional de saúde necessita ter, também, o conhecimento específico na respectiva área do conhecimento e ao mesmo tempo aprender sobre informática em saúde, computação em saúde, mídias sociais para fins de saúde; dentre outros. A Telessaúde, isto é, a incorporação de tecnologias para fins de prestação de serviços à distância em saúde e/ou para tele-educação em saúde está modificando paradigmas 'na' e 'para' a educação em saúde.

Outro desafio na saúde digital é a gestão do conhecimento, que passa pelo conhecimento explícito, cada vez mais tangível e de fácil acesso pelas redes de Internet, pelo tácito, um ativo intangível e único, e da informação frente aos avanços e as futuras necessidades para a 'Sociedade 5.0' ou dita como a 'Sociedade Super Inteligente' Nessa linha, a ecologia do conhecimento em Saúde deve priorizar o desenvolvimento de competências no indivíduo para aprender, analisar, criticar e empreender, através da inovação do processo de ensino-aprendizagem, e para se relacionar com outros saberes florescendo e capilarizando essa rede. O conhecimento em rede deve ser capaz de aproveitar os conhecimentos existentes transformando-os em novos modelos mais adequados para a saúde digital e absorvendo os intangíveis de forma criativa.

Com as premissas estabelecidas como planejar a Inovação 'na' e 'para' a Educação em Saúde para o século XXI?

Duas perguntas básicas podem ser estabelecidas:
_ Que conhecimento temos e como podemos otimizar?
_ Que conhecimento iremos precisar para o futuro e como podemos desenvolver habilidades para alcançá-lo?

A Educação em Saúde, ainda, está baseada no conhecimento explícito, isto é, aquele que pode ser prontamente transmitido para outras pessoas ou codificado e armazenado de alguma forma em alguma mídia. Assim é na liberdade da cátedra do professor, que transmite o conhecimento de forma verticalizada. O cenário é outro e o principal indutor da mudança neste momento são os alunos em formação e os próprios profissionais da saúde que necessitam, mais do que nunca, de atualização e reciclagem, pois, ambos, têm à disposição um cardápio de tecnologias que revolucionaram, inclusive, a relação espaço-tempo-movimento, levando a outras subjetividades e interesses, com um impacto enorme sobre comportamentos e expectativas. Por vezes, quer seja na sala de aula tradicional ou até mesmo na sala de aula invertida, percebemos que os alunos estão desconfortáveis e impacientes, um sinal de que esse modelo já não inspira nem dá conta da necessária conexão com o aprender.

Vários modelos em metodologias ativas estão sendo propostos, testados e utilizados como estratégia de educação e aprendizagem em saúde, notadamente na Medicina[2]. O estudo de metodologias ativas vem se intensificando com o surgimento de novas estratégias que visam favorecer a autonomia do educando, desde as mais simples àquelas que necessitam de uma readequação física e/ou tecnológica das instituições de ensino[2]. Nesse tipo de modelo o professor perde a liberdade da cátedra e passa a assumir o protagonismo na mediação do ensino, da educação e da aprendizagem, provocando a construção colaborativa do conhecimento a partir da necessidade de transformação na educação para que o educando desenvolva habilidades, competências e atitudes para a busca ativa, de forma independente e para a análise crítica do conhecimento disponibilizado na rede de Internet. O grande volume de dados disponíveis na Internet, tanto estruturados como não estruturados, isto é o 'Big Data', impactam diretamente no pensar e no agir do profissional da saúde, assim como de todos os usuários da rede.

Capítulo 1 Educação na e para a Saúde: Desafios e Avanços no Século XXI

Igualmente, a aproximação entre diferentes saberes para fins de educação, assistência e pesquisa em saúde, como o 'Registro Digital em Saúde', a 'Simulação', a 'Realidade virtual', a 'Realidade virtual aumentada', a 'Inteligência Artificial', o '*Machine learning*', o 'Deep learning', que está liderando atualmente a explosão de Inteligência Artificial, a 'Impressora 3D', a 'Internet das coisas' e mais recentemente a 'Internet de Tudo', uma mistura de pessoas, processos, dados e coisas, tudo gerando bilhões de conexões relevantes, impactam diretamente no tipo de competência e de habilidade que iremos precisar para o futuro e como poderemos desenvolver atitude para alcançá-lo. O educando precisa desenvolver autonomia crítica e criativa para poder viver em plenitude na sociedade digital.

Dessa forma, vencer a sensação de incapacidade para formar pessoas para atender a uma infinidade de novas demandas do mercado e da academia até o final deste século parece ser o maior desafio. Para o educador, transmitir o conhecimento tácito, um tipo de conhecimento que é adquirido ao longo das experiências e vivências particulares de cada pessoa, mais do que nunca, passa a ser o alicerce para a educação na saúde.

A Saúde, que é 'centrada no cuidado à pessoa', uma peculiaridade frente a tantas outras áreas do conhecimento, precisa se apropriar e se municiar da inovação tecnológica para assumir o protagonismo na socialização do conhecimento explícito e na transformação, de forma ágil e efetiva, do conhecimento tácito em explícito para ser compartilhado nas redes de conhecimento.

1.1 Educação Profissional Mediada por Tecnologias

O conceito de desenvolvimento de recursos humanos na saúde tem, em sua essência e como uma das bases, a geração de conhecimento e troca de experiências que fortalecem o ambiente de trabalho e em equipe.

De acordo com HADDAD (OPAS, 1990), a Educação Permanente em Saúde (EPS) é um caminho em construção, tendo em vista diferentes determinantes, por exemplo, a evolução das ideias e teorias sobre a prática da Saúde Pública, os avanços no conhecimento científico e tecnológico na área da Saúde e as estratégias metodológicas para a educação permanente.

STRUCHINER & GIANNELLA (2006), afirmaram que, apesar de esforços, a geração de conhecimento na área da saúde e a formação profissional ainda são consideradas atividades isoladas conduzindo o profissional à passividade dentro do processo ensino-aprendizagem e superficialidade dos conteúdos. Destacam-se aqui dois desafios cruciais neste processo de educação: compartilhamento e acessibilidade do conhecimento científico para resolução de problemas e a possibilidade da capacitação continuada tendo o profissional como centro deste processo.

Sob esta ótica, nos deparamos com a estruturação de grades curriculares que contemplam a aprendizagem de referenciais teóricos de forma desarticulada com a realidade dentro do sistema de saúde - os espaços de prática acabam por serem reduzidos a meros "receptores de conteúdos fragmentados" ministrados em sala de aula. (FAGUNDES, 2005)

Sendo assim, caberia ao processo de ensino-aprendizagem capacitar docentes, discentes e membros da comunidade para a discussão conjunta sobre as demandas sociais existentes, objetivando a busca de sua resolutividade por intermédio da articulação entre políticas de educação e saúde, com o intuito de produzir a construção de uma sociedade mais justa, solidária e menos desigual. (FIGUEREDO, 2010; SILVA, 2010; ARAÚJO, 2011)

Nesta perspectiva, observamos a necessidade de impulsionar o ensino profissional de modo que seu perfil seja voltado para a integralidade do cuidado e permanente reestruturação de seus conhecimentos a partir da problematização e demandas internas sob a lógica da Educação Permanente em Saúde, destacando neste processo pontos importantes como concepções, estratégias, dificuldades, políticas públicas e instituições formadoras. (MICCAS & BATISTA, 2014)

Tais discussões nos remetem enfim ao desenvolvimento de políticas públicas, que identifiquem e proponham novos formatos para a educação, capacitação e treinamento profissional, observando também a confluência de aspectos importantes como: a implementação de novas diretrizes curriculares (visão holística e humanística do conhecimento), o uso da metodologia problematizadora (construção do conhecimento centrado no aluno) e a incorporação de recursos tecnológicos.

A tecnologia proporciona e possibilita um aumento do acesso à informação, em velocidade e eficiência, na comunicação educacional e, as instituições de ensino têm utilizado esta ferramenta com o objetivo de dinamizar o processo educacional dos profissionais.

Hoje em dia, verificamos uma enorme disponibilidade de material pedagógico voltado para a educação profissional da área da saúde baseado nas tecnologias de informação e comunicação (TICs) como cursos de ensino superior, espaços virtuais 3D de treinamento, big data, web-seminários e conferências, aplicativos, plataformas virtuais, podendo ser usado somente na versão online como também na versão semipresencial (*blended learning*), com ou sem o auxílio de tutoria.

Metodologias inovadoras que discutam e desenvolvam melhores resultados para este complexo desafio podem ser exemplificadas com a Pesquisa Baseada em Design (design-based research/DBR), que estabelece, a princípio, um modelo de equipe multiprofissional (designer, professores e alunos) trabalhando em conjunto para a produção de ferramentas educacionais mais precisas para esta transposição teoria-prática. (DOLMAN & TIGELAAR, 2012)

O uso das TICs na gestão e educação da Saúde influencia assim uma nova concepção de organização das informações na qual sua estruturação cria um ambiente propício para o estabelecimento de uma sinergia entre competências, recursos e matrizes do conhecimento. (VASCONCELOS, MORAES, CAVALCANTE, 2002)

As mídias educacionais podem impactar de forma positiva na acessibilidade, atenção individualizada, escalabilidade, flexibilidade, responsividade, replicabilidade e custo neste processo de educação profissional, com o intuito de disseminar informação e cuidado na área da saúde de uma forma mais criativa e seus desafios podem ser compilados na Figura 1.1.

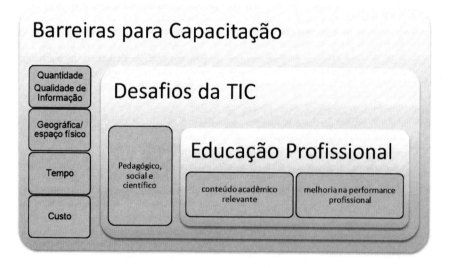

Figura 1.1 – Barreiras e desafios da tecnologia voltada para a educação profissional.

Os tipos de educação digital utilizados pela área da saúde, com o objetivo de transferência de habilidades e conhecimento, podem ser destacados da seguinte forma: Componentes multimídias (vídeos, imagens, animações, arquivos em áudios, textos e hiperlinks), sessões interativas (chats, conferências, fóruns, mensagens), realidade virtual (simulações e aprendizagem baseada em casos clínicos),

Capítulo 1   Educação na e para a Saúde: Desafios e Avanços no Século XXI   — 9

avaliação automatizada (múltipla escolha, respostas curtas), gaming (aprendizagem através de jogos), questionários. (McCALL et al, 2018)

Estudos sobre as preferências dos profissionais que utilizam a educação digital em saúde demonstram que estes usuários reportam uma alta satisfação neste processo, especialmente, quando utilizam o recurso adicional da tutoria. Além disso, os alunos da área da saúde preferem esta ferramenta tendo em vista sua flexibilidade (design assíncrono), independência do estudante e tempo, variedade no formato dos conteúdos, repetição dos materiais, conforto e acessibilidade. (DU et al, 2013)

A aplicabilidade destas ferramentas na capacitação profissional na área da saúde pode ser destacada em diferentes estágios educacionais como nível técnico, acadêmico (graduação, mestrado, doutorado) e técnico superior (atualização/especialização).

O ensino à distância (EaD) apresenta-se neste processo como uma das ferramentas que possibilita a democratização do saber e do fazer para formação de profissionais da saúde, gerando processos continuados de acesso à informação, impulsionando o usuário na otimização da formação conceitual e prática. (OLIVEIRA, 2007)

Através de uma estrutura de apoio, o EaD conta com repositórios ou bibliotecas digitais, informações sobre padronização de conceitos e métodos, aprendizagem individualizada (aprendizagem adaptativa), interações entre alunos (aprendizado colaborativo) e transformação do papel do professor, onde os educadores deixarão de servir, principalmente, os distribuidores de conteúdo, mas tornam-se mais envolvidos como facilitadores de aprendizagem e avaliadores de competência. (RUIZ et al, 2006)

Trabalhos como os de MARCON (2014) demonstram que as pessoas passam muito mais tempo conectadas, com acesso a informações em tempo real, interagindo em qualquer lugar e a qualquer hora. Além do tempo de conexão elevado, os usuários utilizam a internet 3G e o celular como principais ferramentas. (COSTA et al, 2015). Com isto, o *mobile learning* passa a ser uma outra metodologia de ensino e aprendizagem, através de dispositivos móveis conectados à internet. (PACHELER, 2010)

Os resultados do *Global Observatory for eHealth* (2011) da Organização Mundial de Saúde (OMS) apontam que o uso de tecnologias móveis e sem fio (mobile Health) tem o potencial de transformar também o conceito da prestação de serviços em saúde em todo o mundo. Além disso, a OMS aponta como estratégia central para a educação profissional a introdução de supervisão clínica como método mais eficaz para segurança e tratamento do paciente, podendo esta ser mediada por ensino semipresencial (*blended learning*). (McCUTCHEON, O'HALLORAN, LOHAN, 2018)

Podemos enfim, conceber a ideia de que uma multiplicidade de fatores pedagógicos e recursos tecnológicos têm ajudado para o estabelecimento da construção de um sistema de capacitação e educação permanente que possibilita a ampliação da cobertura de informações científicas que contribuam para o crescimento profissional.

Um modelo integrado, caracterizado por uma política de informática em saúde contribui para dimensões qualitativas, como a democratização das informações em saúde, eficácia das ações, preservação de políticas públicas ao longo do tempo e sinergia entre as diversas ações. (FORNAZIN, 2015; LEMOS, 2016)

Estes novos "sistemas educativos" são ferramentas fundamentais na inovação de metodologias e resolução de problemas no complexo processo de ensino-aprendizagem da formação profissional em Saúde, cabendo às instituições precursoras deste modelo, o estabelecimento de estratégias eficientes e eficazes na disseminação da educação mediada por tecnologias.

1.2 Gamificação e saúde

Quando pensamos no universo de ferramentas tecnológicas que podem ser inseridas na área da Saúde, nos deparamos com o vasto mundo da gamificação. De acordo com KING (2013) no Google Campus em Londres, dezenas de desenvolvedores de software, clínicos, cientistas comportamentais e investidores se reúnem para discutir novas estratégias no desenvolvimento de jogos que possam melhorar a saúde, integrando o design de software e a mecânica de jogo com a teoria da saúde pública e os insights comportamentais.

Somente no período de 1983 a 2016 foram identificados 1743 jogos digitais sobre saúde, extraídos de nove bancos de dados internacionais, na grande maioria dos casos desenvolvidos nos Estados Unidos (67,18%) e França (18,59%) e os mais populares abordavam treinamento cognitivo, educação em saúde e cuidado médico. (AS e KHARRAZI, 2018)

Esta terminologia é usada para definir elementos e design de jogos em contextos não lúdicos que estimulam seus usuários a alcançarem um objetivo específico, mudança comportamental ou desenvolvimento de habilidade e, aplicados ao processo de aprendizagem, podem ter um grande potencial na educação tradicional. (OGAWA, KLOCK, GASPARINI, 2016)

A gamificação possui sua potencialidade baseada em conceitos tais como feedback constante, desafios, competição, conquistas, recompensas, pontos, medalhas, missões, personalização, regras, narrativas, níveis e rankings, na sua maioria diretamente relacionados ao desejo humano. (OGAWA, MAGALHÃES, KLOCK, GASPARINI, 2015)

Seu uso na tecnologia móvel emerge como uma estratégia para atingir a cultura do comércio eletrônico e da ciência como forma de influenciar e promover impacto positivo na saúde das populações. (LISTER et al, 2014)

Autores na literatura descrevem outras vantagens pontenciais: 1) motivação intrínseca, 2) ampla acessibilidade através da tecnologia móvel e sensores, 3) apelo público, 4) ampla aplicabilidade através dos riscos e fatores de saúde e bem-estar, 5) eficiência de custo-benefício do aprimoramento dos sistemas existentes, 6) adequação a atividade existente ao invés de adicionar demandas adicionais à vida das pessoas, 7) apoio direto ao bem-estar (fornecendo experiências positivas). (JOHNSON et al, 2016) Como resultado, temos um impacto positivo na saúde e bem-estar dos usuários (Figura 1.2).

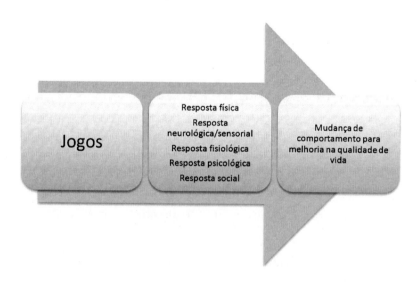

Figura 1.2 – Aplicação dos jogos e seus objetivos (respostas) gerando impacto na qualidade de vida.

Áreas como prevenção, terapêutica, diagnóstico, educação são algumas das aplicabilidades da gamificação, influenciando o comportamento do usuário (paciente/aluno/professor/profissional), pois fornece a ele meios de aumentar sua diversão (lazer) enquanto realiza suas atividades educativas estimulando o pensamento e a tomada de decisões a partir da simulação de problemas virtuais. (PEREIRA, DUARTE, REBELO, 2014; FIGUEIREDO et al, 2015)

Jogos utilizados para manutenção da saúde física, por exemplo, definem ações a serem executadas pelo usuário, através de sensores ligados a movimentos. COREPAL et al (2018) observaram em seus resultados que a gamificação teve papel importante no encorajamento de adolescentes para realização de exercícios físicos bem como o estabelecimento de uma relação positiva com estas atividades. Há também os que desafiam as habilidades cognitivas do usuário, com amplo uso em pacientes idosos ou com demência.

Sua característica de isolamento social foi ultrapassada por jogos com múltiplos jogadores, aumentando e fortalecendo as ligações familiares e a rede social dos usuários, permitindo o debate de experiências e oportunidades. Estes são usados com sucesso na reabilitação de adolescentes em depressão ou em idosos com isolamento social. (McCALLUM, 2012)

Os jogos também contribuem no processo de educação em saúde, como um meio de chamar a atenção do público jovem para assuntos ou temas específicos, de forma a criar situações de discussão sobre as questões práticas sobre autocuidado e medidas preventivas. (ARAÚJO, et al, 2016)

DRUMMOND, HADCHOUEL, TESNIÈRE (2017) destacaram que os "quatro pilares da aprendizagem", estrutura derivada da ciência cognitiva, são úteis para que desenvolvedores e educadores possam aumentar o poder de eficiência dos jogos, numa combinação de prazer do resultado aliado à atividade de aprendizagem. Tão importante quanto o objetivo final são as etapas do desenvolvimento dos jogos sérios: motivação do usuário em jogar, potencial de aprendizagem e avaliação (Figura 1.3).

Efeito Motivador	Efetividade de Aprendizagem "4 pilares da aprendizagem"	Avaliação
Atividade de aprendizagem (motivação intrínseca)	Atenção	Descrição completa do jogo
Simulação de uma Parada cardíaca	Atividade de aprendizagem	Amostras randomizadas controladas
+ Ser médico	Feedback	Resultado
Previsão do Futuro (motivação extrínseca)	Consolidação	

Figura 1.3 – Três etapas para desenvolvimento de jogos sérios. Adaptado de DRUMMOND, HADCHOUEL, TESNIÈRE (2017)

Sendo assim, a gamificação não pode ser definida como a ferramenta mágica de transposição de saberes, mas sim, um conjunto de elementos balanceados, transformados em atividades, pedagogicamente pensados, que buscam a melhoria da Saúde em todos os níveis e aspectos de seus usuários.

1.3 Adesão e Engajamento

*A INTERNET MODIFICOU PARADIGMAS NA SAÚDE POSSIBILITANDO UMA APROXIMAÇÃO INUSITADA ENTRE PESSOAS, COMUNIDADES, EDUCANDOS, EDUCADORES, FORMADORES DE OPINIÃO E, ATÉ MESMO, 'COM' E 'ENTRE' PACIENTES; ROMPE*ndo limites e alcançando uma população até então nunca atingida pelas barreiras geográficas. Além disso, o *número* de usuários que acessam a Internet por meio de um celular aumentou vertiginosamente o que deve ser exacerbado pelo aumento previsto da velocidade da Internet para 5G assim como pela perspectiva da utilização da tecnologia do grafeno quando será possível, por exemplo, dobrar equipamentos como os celulares.

Capítulo 1 Educação na e para a Saúde: Desafios e Avanços no Século XXI

Estamos, portanto, consolidando a mobilidade aplicada à saúde, intitulada como *mobile Health*, ou *mHealth,* rompendo com o limite físico e temporal e contribuindo para a universalização do acesso a informações e cuidados em saúde, logo, demandando um replanejamento estratégico na educação para atender a esse novo cenário.

Nesse contexto, dentre os diversos desafios na educação para a saúde digital, alguns já destacados nesse capítulo, há a adesão e o engajamento dos usuários.

Partindo-se da premissa de que a adesão passa pela manifestação de reconhecimento e/ou da aprovação de 'algo', a mediação das tecnologias para fins de saúde **é fato e** consensual para todos. Logo, é no engajamento que devem focar as estratégias para os avanços na educação para o século XXI.

O engajamento é baseado na motivação, na busca por melhores resultados ou na autonomia em relação a um 'algo'.

Um hospital digital considerado como inteligente investe nas novas tecnologias sem perder o foco na motivação da equipe obtendo, por conseguinte, excelentes resultados que repercutem diretamente na motivação dos pacientes que percebem a dedicação e o cuidado no trabalho sendo espontaneamente fidelizados. Assim, naturalmente, acontece o engajamento do paciente, pois este encontrará na mediação por tecnologias uma forma de relação de continuidade remota com a equipe de saúde, contribuindo de forma eficiente para o seu tratamento, por exemplo, através do telemonitoramento para a supervisão remota do uso de medicações ou por tecnologias vestíveis para o monitoramento de doenças crônicas, como a hipertensão, pela praticidade e a facilidade na coleta e compartilhamento de informações.

Entretanto, esse tipo de ação, de aparência extremamente simples e eficiente, somente poderá acontecer se o médico for ensinado e educado para a saúde digital, incluindo no planejamento do cuidado ao paciente a mediação por tecnologias, desde que necessário. Fecha-se, então, um ciclo que envolve atos e atores onde a inovação apoia mudanças de processos sem, contudo, modificar as relações humanas que podem, paradoxalmente, ser continuadas pelas tecnologias.

Um outro ponto conexo é na educação aberta para a promoção da saúde e a prevenção de doenças. As Instituições de Ensino e Serviço em Saúde, através de projetos extensionistas, assim como algumas organizações do Terceiro Setor utilizam hotsites e/ou Redes Sociais para a oferta de diferentes recursos educacionais abertos incluindo jogos e objetos virtuais de aprendizagem que motivam o engajamento dos usuários na busca por melhores resultados em saúde, como dietas e exercícios, incluindo as crianças e os adolescentes. Da mesma forma, a transmissão de webinários gratuitos pelas Redes Sociais, a possibilidade de interatividade e, principalmente, a relação de feedback com os usuários, mesmo que seja com chatbots, está provocando uma mudança da cultura em saúde. O termo chatbot nasceu da união das palavras chat (conversa) com bot (abreviatura de robot). O chatbot é assim um 'robô' (em forma de software) que usa a inteligência artificial para simular o comportamento humano numa conversa online. A ferramenta combina os benefícios da assistência virtual e humana, proporcionando uma experiência diferenciada ao usuário incentivando o engajamento do participante. A possibilidade do esclarecimento de uma dúvida ou da orientação de um autoprocedimento, como a autoaplicação da insulina na Diabetes mellitus, influi diretamente no grau de satisfação e no engajamento dos usuários, incluindo pacientes, contribuindo para reduzir os custos para os sistemas de saúde.

Nessa visão, há a necessidade do remodelamento na formação dos profissionais, e das profissões em saúde, que terão que ter plena 'fluência e mobilidade digital', dentre tantos outros conhecimentos, engajados no cuidado integral à saúde, incluindo a prestação de serviços mediada por tecnologias. Ademais, esta mudança é premente já que está em processo de disruptura a forma de prestação de serviços no Brasil.

O Ministério da Saúde implementou dois projetos de abrangência nacional em telemedicina e telessaúde, intitulados como Rede Universitária de Telemedicina e o Programa Nacional Telessaúde Brasil Redes, que estão debatendo e provocando a mudança de paradigmas em diversos níveis na formação e na educação em saúde.

Na prestação de serviços mediada por tecnologias, o Ministério da Saúde publicou portaria específica (MINISTÉRIO DA SAÚDE. Portaria nº2546/2011) que reconhece e autoriza a segunda opinião remota por um especialista e a segunda opinião formativa, um modelo educacional de segunda opinião baseado na melhor evidência científica. A experiência acumulada revelou grande dificuldade na adesão dos usuários, isto é, os profissionais de saúde localizados em diferentes postos de saúde distribuídos pelo Brasil. Na prática, a principal causa de resistência à adesão ao Programa Nacional Telessaúde Brasil Redes, logo ao engajamento, decorreu da dificuldade na apropriação e no uso de tecnologias para fins de assistência, por exemplo, um sistema web de registro eletrônico. A partir desses resultados, várias ações estratégicas foram implementadas e centradas no fortalecimento nas ações educacionais com destaque aos webinários; evidenciando a necessidade premente de replanejamento estratégico da educação em saúde.

Os dois programas nacionais em telessaúde contribuíram, também, para a formação de comunidades virtuais colaborativas em saúde, uniprofissionais e multiprofissionais, interinstitucionais e intrainstitucionais, que estão reconhecendo e debatendo sobre os problemas, as controvérsias e os avanços que a inovação trouxe para a saúde, os quais demandam legislação própria e a formação de profissionais com atitudes, competências e habilidades específicas. Assim, ratificando a necessidade de ruptura do modelo tradicional de formação em saúde para uma educação colaborativa em redes de conhecimento.

1.4 A Universidade do Estado do Rio de Janeiro e a Telessaúde

A Universidade do Estado do Rio de Janeiro (UERJ) foi pioneira no país e iniciou as suas atividades em Telessaúde, em 2003, por uma iniciativa na Faculdade de Ciências Médicas e que foram consolidadas com a criação do Laboratório de Telessaúde (Telessaúde UERJ), multiprofissional, em 2008. (MONTEIRO, et al, 2015)[38].

O Telessaúde UERJ atua em diferentes projetos e programas, como a Rede Universitária de Telemedicina e o Programa Nacional Telessaúde Brasil Redes, e agrega diferentes atividades e ações em diferentes áreas do conhecimento em saúde, e afins, para fins de tele-educação profissional, tele-educação aberta para promoção da saúde escolar, aperfeiçoamento profissional em telessaúde e teleassistência que estão detalhadas na Figura 1.4.

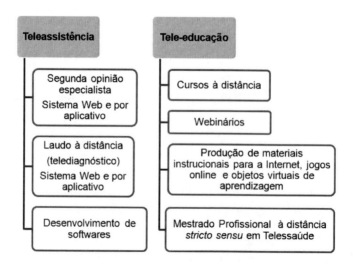

Figura 1.4 – Atividades mediadas por tecnologias do Telessaúde UERJ

Capítulo 1   Educação na e para a Saúde: Desafios e Avanços no Século XXI   —   19

Esse conjunto de ações inovadoras em saúde estão registradas no livro digital 'A História da Telessaúde da Cidade para o Estado do Rio de Janeiro'.

Cabe destacar, também, a criação do Núcleo de Teleodontologia, na Faculdade de Odontologia, em 2014, que tem como objetivo a integração com o ensino, a pesquisa e a extensão da própria Unidade Acadêmica, como também com outras atividades de departamentos da UERJ como um todo.

A experiência do Telessaúde UERJ, ao longo dos seus quinze anos de existência, demonstra a relevância e o impacto da mediação das tecnologias em saúde conforme ilustra o mapa de abrangência nacional que inclui todos os estados do Brasil (Figura 1.5) e a sua participação e contribuição em uma rede internacional (Figura 1.6).

Figura 1.5 – Mapa de abrangência nacional das atividades mediadas por tecnologias do Telessaúde UERJ

20 — Inovação em Saúde: uma nova era

Figura 1.6 – Mapa da rede colaborativa mediada por tecnologias do Telessaúde UERJ.

Essa rede de conhecimento, assim como tantas outras, tem como desafio para a sustentabilidade, visando os avanços na pesquisa e na inovação na saúde, a formação de pessoal altamente qualificado para atuar 'na' e 'para' a saúde de forma crítica, empreendedora, multidisciplinar, interdisciplinar e transdisciplinar, logo, preparados para a Sociedade 5.0 _ o futuro, pelo presente.

Bibliografia

1. Constituição da República Federativa do Brasil de 1988. Acesso disponível em http://www.planalto.gov.br/ccivil_03/constituicao/constituicaocompilado.htm. Acessado em 20/4/2018.
2. FARIAS P.A.M.; MARTIN A.L.A.R. e CRISTO C.S. Aprendizagem Ativa na Educação em Saúde: Percurso Histórico e Aplicações. Revista Brasileira de Educação Médica 143 39 (1): 143-158; 2015. Acesso disponível em http://www.scielo.br/pdf/rbem/v39n1/1981-5271-rbem-39-1-0143.pdf
3. ARAÚJO, Erica C., BATISTA, Sylvia Helena, GERAB, Irani F. A produção científica sobre a docência em saúde: um estudo em periódicos nacionais. Rev. Bras. Educ. Méd.35(4): 486-92, 2011.

4. CAVALCANTE, Maria Tereza L. & VASCONCELLOS, Miguel M. Tecnologia de informação para a educação na saúde: duas revisões e uma proposta. Ciência Saúde Coletiva (online). 12(3): 661-622, 2007.
5. COSTA, R.D.A., ALMEIDA, C.M.M.A., NASCIMENTO, J.M.M., LOPES, T.C.L. Percepções de acadêmicos sobre o desenvolvimento de um aplicativo para dispositivos móveis como ferramenta de apoio ao ensino e a aprendizagem em anatomia humana. NEO-FACCAT REDIN. 4 (1):1-7, Novembro 2015.
6. DOLMAN, Diana H.J.M. & TIGELAAR, Dolmans. Building bridges between theory and practice in medical education using a design-based research approach: AMEE Guide No. 60. Medical Teacher, 34 (1):1-10, 2012.
7. DU S, LIU Z, LIU S, YIN H, XU, G. et al. Web-based distance learning for nurse education: A systematic review. International Nursing Review. 60(2): 167–177, 2013.
8. FAGUNDES, Norma Carapiá; BURNHAM, Teresinha Fróes. Discutindo a relação entre espaço de aprendizagem na formação de profissionais de saúde. Interface – Comunic, Saúde, Educ, 2005 fev; 9(16):105-14. 51)
9. FIGUEIREDO, Tulio Alberto M., MACHADO, Vera Lúcia T., ABREU, Margaret Mirian S. A Saúde na Escola: um Breve Resgate Histórico. Ciência em Saúde Coletiva. 15(2): 397-402, Março, 2010.
10. FORNAZIN, Marcelo. A informatização da Saúde no Brasil: uma análise multipaper inspirada na teoria ator-rede. Dissertação, 164f. 2015.
11. LEMOS, Cristiane L.S. Educação permanente em saúde no Brasil: educação ou gerenciamento permanente? Ciência & Saúde Coletiva, 21(3): 913-922, 2016.
12. MARCON, J.P.F., DIAS, T.P. DeepWeb: O Lado Sombrio da Internet. *Conjuntura Global*, Curitiba. 3(4), 2014.
13. McCALL, Marcy, SPENCER, Elizabeth, OWEN, Helen, ROBERTS, NIa et al. Characteristicss and efficacy of digital health education: An overview of systematic reviews. Health Education Journal, 1-18, 2018.

14. McCUTCHEON, Karen, O'HALLORAN, Peter, LOHAN, Maria. Online learning versus blended learning of clinical supervisee skills with pre-registration nursing students: A randomised controlled trial. International Journal of Nursing Studies. 82:30-39, 2018.
15. MICCAS, F.L. & BATISTA, S.H.S.S. Educação permanente em Saúde: metassíntese. Rev Saúde Pública. 48(1):170-185, 2014.
16. OLIVEIRA, Marluce A.N. Educação à Distância como estratégia para a educação permanente em saúde: possibilidades e desafios. Rev Bras Enferm, 60 (5): 585-589, 2007.
17. ORGANIZAÇÃO MUNDIAL DE SAÚDE. mHealth: New horizons for health through mobile technologies. Global Observatory for eHealth series, Volume 3, WHO Press. 2011.
18. PACHLER, N., BACHMAIR, B., COOK, J. Mobile Learning: Structures, Agency, Practices. *Editora Springer,* 1:3-345.2010.
19. RUIZ, Jorge G., MINTZER, Michael J., LEIPZIG, Rosanne M. The impact of E-learning in medical education. Academic Medicine, 81 (3):207-212, March, 2006.
20. SILVA LAA, FERRAZ F, LINO MM et al. Educação permanente em saúde e no trabalho de enfermagem: perspectiva de uma praxis transformadora. Rev Gaúcha Enferm. 31(3):557-61, setembro 2010.
21. STRUCHINER, M., and GIANNELLA, TR. Novas tecnologias de informação e comunicação na formação de recursos humanos em saúde. In: MONTEIRO, S., and VARGAS, E. orgs. Educação, comunicação e tecnologia educacional: interfaces com o campo da saúde [online]. Rio de Janeiro: Editora FIOCRUZ, 2006, pp. 129-140. ISBN: 978-85-7541-533-7.
22. VASCONCELLOS Miguel M, MORAES, Ilara HS, CAVALCANTE, Maria Tereza L. Política de saúde e potencialidades de uso das tecnologias de informação. Saúde em Debate. 26(61):219-235, 2002.
23. ARAÚJO, Amanda M.B., SOUZA, Maria Fernanda N., SANDES, Luíza F.F., SOUSA, Árlen A.D. et al. Revista de Enfermagem UFPE on line. 10

(Supl. 5): 4393-5, novembro 2016.
24. AS, Lu, KHARRAZI, H. Games Health J. A state-of-the-art Systematic content analysis of games for health. 7(1):1-15, Feb 2018.
25. COREPAL, Rekesh, BEST, Paul, O'NEILL Roisin, TULLY, Mark A. et al. Exploring the use of a gamefied intervention for encouraging physical activity in adolescents: a quantitative longitudinal study in Northern Ireland. BMJ Open. 8(4):e019663, Apr 2018.
26. DRUMMOND, David, HADCHOUEL, Alice, TESNIÈRE, Antoine. Serious games for health:three steps forwards. Adv Simul. 2:3, 2017.
27. FIGUEIREDO, Márcia C., GARCIA, Mariana, BARONE, Dante Augusto C., OLIVEIRA, Roberta et al. Gamificação em saúde bucal: experiência com escolares de zona rural. Revista da ABENO. 15(3):98-108, 2015.
28. JOHNSON, Daniel, DETERDING, Sebastian, KUHN, Kerry-Ann, STANEVA, Aleksandra et al. Internet Interventions. 6: 89-106, nov 2016.
29. KING, Dominic, GREAVES, Felix, EXETER, Christopher, DARZI, Ara. "Gamification": influencing health behaviours with games. J. R. Soc. Med. 106:76-78, 2013.
30. LISTER, Cameron, WEST, Joshua H., CANNON, Tyler S., BRODEGARD, David. Justa a fad? Gamification in health and fitness apps. JMIR Serious Games. 2(2):e9, jul-dez 2014.
31. MCCALLUM, Simon. Gamification and serious games for personalized health. Stud Health Technol Inform. 177:85-96, 2012.
32. OGAWA, Aline N., KLOCK, Ana Carolina T., GASPARINI, Isabel. Avaliação da gamificação na area educacional: um mapeamento sistemático. V Congresso Brasileiro de Informática na Educação – Anais do XXVII Simpósio Brasileiro de Informática na Educação. 440-449, 2016. DOI: 10.5753/cbie.sbie.2016.440
33. OGAWA, Aline N., MAGALHÃES, Gabriel G., KLOCK, Ana Carolina T., GASPARINI, Isabel. Análise sobre a gamificação em Ambientes Educacionais. CINTED-UFRGS. 13(2), dezembro 2015.

34. Rede Universitária de Telemedicina. Acesso disponível em http://rute.rnp.br/. Acessado em 20/04/2018.
35. MINISTÉRIO DA SAÚDE. Portaria nº2546/2011. Acesso disponível em http://bvsms.saude.gov.br/bvs/saudelegis/gm/2011/prt2546_27_10_2011.html). Acessado em 20/04/2018.
36. HADDAD A. Experiência Brasileira do Programa Nacional Telessaúde Brasil. In Gold book [recurso eletrônico] : inovação tecnológica em educação e saúde / Organizadores, Ivan Mathias, Alexandra Monteiro. – Dados eletrônicos. – Rio de Janeiro : EdUERJ, 2012; p. 12- 44.. Acesso disponível em http://www.telessaude.uerj.br/goldbook
37. GISMONDI, J. P. M. ; Monteiro A ; Santos M ; Rocha M ; Diniz E ; Neves JPN . Asynchronous Teleconsultation in Primary Health: the experience of Rio de Janeiro State Telehealth Nucleus of the Brazilian National Program of Telehealth. Revista Latinoamericana de Telessaúde, v. 4, p. 39-44, 2017.
38. MONTEIRO A; MEDINA A C; OLAIR D; DINIZ E; NEVES J; ROCHA M e SANTOS M. A História do Telessaúde UERJ. In: Alexandra Monteiro e João Neves. A História da Telessaúde da Cidade para o Estado do Rio de Janeiro. eBook, 2015; paginas 79 a 90. Acesso disponível em http://www.telessaude.uerj.br/livro/eBook.pdf. Acessado em 20/04/2018.
39. Laboratório de Telessaúde. Universidade do Estado do Rio de Janeiro. Acesso disponível em www.telessaude.uerj.br. Acessado em 20/04/2018.
40. Tele-educação profissional em Saúde. Laboratório de Telessaúde. Universidade do Estado do Rio de Janeiro. Acesso disponível em http://www.telessaude.uerj.br/teleeducacao/. Acessado em 20/04/2018.
41. Telessaúde nas Escolas. Laboratório de Telessaúde. Universidade do Estado do Rio de Janeiro. Acesso disponível em http://connect.telessaude.uerj.br/escola. Acessado em 20/04/2018.
42. Programa de Pós-graduação stricto sensu em Telessaúde. Laboratório de Telessaúde. Universidade do Estado do Rio de Janeiro Acesso disponível em http://www.telessaude.uerj.br/teleassistencia/. Acessado em 20/04/2018.

43. Teleassistência em Saúde. Laboratório de Telessaúde. Universidade do Estado do Rio de Janeiro Acesso disponível em http://www.telessaude.uerj.br/teleassistencia/. Acessado em 20/04/2018.
44. A História da Telessaúde da Cidade para o Estado do Rio de Janeiro. Alexandra Monteiro e João Neves. Livro digital. Editora UERJ, 2015. Acesso disponível em http://www.telessaude.uerj.br/livro/eBook.pdf. Acessado em 20/04/2018.
45. Núcleo de Teleodontologia. Faculdade de Odontologia. Universidade do Estado do Rio de Janeiro. Acesso disponível em http://www.teleodonto.uerj.br/. Acessado em 20/04/2018.

Capítulo 2

Comunicação e Saúde: Interfaces e Construções

Felipe Jannuzzi

2.1 Introdução

Ao pensarmos - e vivenciarmos - comunicação e saúde, precisamos compreender que se trata de interseção de dois campos sociais distintos, porém complementares, cada qual sob potencialidades, amplitude, tecnologias, inovações, necessidades de percepções e ajustes, sob conquistas e conflitos, afirmações e contradições, com superações e desenvolvimento.

Por certo, é necessário realizarmos, com urgência e constância, um modelo efetivo e afetivo de comunicação. Para tal, precisamos entender, primeiro de tudo, que informação não é comunicação. Ela, por si só, não preenche o que esperamos, e necessitamos, de um processo comunicativo eficaz, com integralidade do cuidado e do agir. A comunicação somente joga luz, de fato, e produz bons frutos, quando é responsável pela criação de vínculos.

Precisamos perceber que o modelo de comunicação transferencial – àquele que atua simplesmente transferindo informação - não é um caminho produtivo. O conhecimento e percepção de si, que são construções importantes para qualidade de vida, não vêm da quantidade de informações transferidas, mas sim do despertar de consciência que a comunicação efetiva gera. O modelo de comunicação transferencial não representa um campo fértil, pois simplesmente transferir informações pressupõe uma adesão a um conceito, a uma ideia. A comunicação na área da saúde precisa produzir mais que isso. Precisa gerar vínculos, convívio, trocas, compromissos, reforma consciencial, precisa aprender a lidar com as diversidades e estar sob um novo olhar que possibilite novas concepções, atitudes e perspectivas.

A ressaltar, aqui não estamos afirmando que a ideia/princípio de levar informações/dados à população ou elaborar e veicular uma campanha não sejam importantes na área da saúde. São ações necessárias, sim, e têm sua relevância. O que queremos destacar é que um processo de comunicação nunca é só isso: meramente informar, simplesmente transferindo conteúdo. É ilusão acharmos, por exemplo, que uma campanha de 30 segundos poderá gerar uma comunicação com educação, integralidade e completude - ouvindo e reconstruindo. Quando temos humanos conversando, interagindo, compartilhando, há que considerarmos que sempre se encontram presentes muitos viés e sentidos - além do aparente.

Devemos buscar continuamente um conjunto diversificado de estratégias de comunicação em saúde, que seja proativo, eficiente, contemplando especificidades e o mais próximo possível da realidade do interlocutor, que, muitas vezes, é o paciente. O questionamento constante que devemos intuir é como o usuário de nossa informação [do conteúdo que queremos passar] irá acessá-la e interiorizar aquilo que foi produzido, e quais as ressonâncias e valores que este conteúdo produzido irá gerar e agregar à vida, ao ambiente.

Saber ouvir é preceito básico de comunicação, notadamente em sua interseção com a saúde. Comunicação não é só falar. É saber calar, ouvir, perceber, ter uma escuta atenta, intuir, repensar, reprogramar-se. Oxigenando constantemente percepções e valores. Comunicar é colocar-se no lugar do outro, sempre evoluindo no sentido de perceber laços e ligações, concebendo sentidos e gerando outros tantos, intuindo dificuldades e potencialidades, compreendendo necessidades de construções e até desconstruções, em muitos casos. O conhecimento escolástico por si só não produz a efetividade no processo comunicativo. Precisa ganhar vida, realidade e ter uma alma que contemple a empatia como substância nuclear.

2.2 Divulgação científica: um desafio constante

A ciência utilizada para o bem [e divulgada com critério, sensibilidade e qualidade à sociedade] é sim considerável ato de resistência e força motriz na solução para a grave crise social-econômico-financeira que atinge nosso país. A divulgação científica é, sem dúvida, valiosa ferramenta para a cidadania, para o acesso à informação e a democracia; tem um papel vital para que a população adquira conhecimento sobre ciência e conheça o quanto ela está presente em seu entorno. Melhorando suas percepções, condições, ferramentas de desenvolvimento e qualidade de vida.

Daí, vemos o quão importantes as atividades para refletir e divulgar a ciência: congressos, *workshops*, simpósios, feiras de ciência, obras literárias, canais de comunicação, periódicos científicos, conferências sobre comunicação e saúde, sobre divulgação e jornalismo científicos, etc. Incentivos e estratégias para edificação destas atividades são vitais no fortalecimento dos campos sociais comunicação e saúde.

Comunicação, educação e cultura científica encontram-se, conforme destacado anteriormente, para além do acesso à informação: contribuem para elevar a consciência crítica das pessoas, aguçar o discernimento, trazendo luz e propondo novos caminhos. A ciência se tornou, na prática, algo que atravessa nosso cotidiano. É apropriada pela cultura de forma cada vez mais ampla, de forma que a realidade científica já serve para legitimação de argumentos políticos, culturais e sociais.

Porém, apesar de todos os esforços e avanços, ainda estamos aquém de uma divulgação científica de qualidade e que atinja amplos setores da população brasileira.

Precisamos evoluir. Por certo, um caminho longo e pedregoso ainda está por ser percorrido. É imprescindível maior mobilização de toda a sociedade na defesa da ciência. Nesse sentido, torna-se fundamental uma aproximação entre centros de pesquisa e universidades e escolas, além do incentivo e estímulo para criação de novos centros, novos núcleos. A pesquisa precisa ser incentivada.

Enfim, consolidar e melhorar a qualidade da divulgação científica em nossa sociedade, ampliando-a e incorporando grandes parcelas marginalizadas de nossa população é, sem dúvida, esforço hercúleo e missão - tão enorme quanto vital - que só poderá ser arquitetada e cumprida se for transformada em um processo coletivo suficientemente amplo, envolvendo a interação e participação de todos: instituições de pesquisa, universidades, comunicadores, cientistas, pesquisadores, educadores, estudantes e o público em geral.

Em consonância com este viés, aqui ressaltamos a concepção do Centro de Apoio à Pesquisa no Complexo de Saúde da Universidade do Estado do Rio de Janeiro (CAPCS-UERJ), que vem sendo implementado nesta Universidade, possuindo, dentre seus compromissos, *articular, incentivar, orientar e desenvolver a pesquisa e inovação em Saúde, gerando melhor integração entre os pesquisadores do Complexo de Saúde da UERJ com todas as Unidades da Universidade e com instituições parceiras – intra e extra Universidade - englobando órgãos governamentais e particulares.*

A ciência e suas descobertas não terão sentido se os resultados desses estudos não forem disponibilizados para comunidade. E a UERJ, que possui o valor de ter resistido e manter-se plenamente viva, com projetos, intercomunicações e intercâmbios, novos produtos e eventos científicos, mesmo em meio a período de acentuada crise, é uma das universidades com maior número de projetos de interação com a sociedade.

A pesquisa somente possuirá valor se efetivar uma aplicabilidade e gerar benefícios na sociedade. Fortalecer, o quanto possível, este modelo é prioridade. Precisamos incentivar e desenvolver, com ampla divulgação, *pesquisas* que criem *valores* para a *sociedade*, melhorando a qualidade de vida das pessoas. A pesquisa precisa deixar um legado. Encontrar áreas de estudo que possibilitem a boa ciência e a captação de parcerias, intra e extra-muros, é passo importante para a comunicação e inovação na saúde.

Torna-se então imperiosa a construção de uma rede, tendo por essência uma constante reflexão e interação entre os pesquisadores e profissionais - de comunicação, de saúde, além de outras áreas -, com ampla disseminação de experiências, estudos, materiais educativos e recursos didáticos, enfim, uma rede edificada por meio de constante troca de informações entre profissionais e pesquisadores, assim gerando o *olhar atento* na área da saúde e a busca por novas perspectivas e soluções inovadoras.

2.3 Jornalismo Científico, Trabalho de Sensibilidade e Perseverança

Disseminar a notícia da ciência é, sem dúvida alguma, um dos grandes desafios do jornalismo científico. São muitos os obstáculos a serem transpostos. Tornar acessível a ciência, levar ao público a produção científica produzida nas universidades, centros de pesquisas; ainda, prestando contas à sociedade do investimento, visto que as universidades e seus centros de pesquisas são custeados pela população, e esta precisa saber que há nas instituições pessoas que, apesar de dificuldades de toda espécie, se articulam e dedicam a produzir conhecimento.

Para tal, torna-se imprescindível a comunicação pública da ciência. Sabemos, porém, comunicação pública é um conceito ainda em construção de identidade. Tem missão tão determinante quanto nobre: despertar interesse da opinião pública em questões envolvendo divulgação da ciência, fortalecendo seu papel social, verticalizando a informação à cidadania.

Nesse sentido, precisamos de mais estratégias e de ações efetivas ações para tornar o conhecimento científico acessível a toda a população.. São caminhos vitais a serem percorridos: refletir e divulgar a ciência da forma mais amena, da forma mais palatável possível; ampliar os canais de divulgação científica e tecnológica, adotando variados meios e estratégias, inclusive, claro, os veículos de massa; fazer com que o conhecimento técnico e científico seja altamente reconhecido em todo o país como trabalho fundamental.

Jornalismo científico é, antes de tudo, um trabalho de sensibilidade e perseverança. Compreende os mecanismos, os dispositivos, segundo os padrões jornalísticos, de reflexão e divulgação de informações sobre ciência, tecnologia e inovação. Nesse campo do jornalismo científico, apesar do crescimento do número de profissionais, de seus aperfeiçoamentos e da melhora no volume de recursos, os jornalistas científicos, em sua maioria, ainda carecem de adequada e sólida formação. Há, inclusive, pouco espaço para eles atuarem e promoverem notícias deste segmento. Assim, infelizmente, muitas informações nem sempre são confiáveis. A validação/certificação das informações é fundamental para que não haja estímulo ao "alarmismo", "falsas promessas" e/ou "miraculismo". Mais que um cuidado, é vital identificar a origem e proveniência do que lemos, assistimos e ouvimos, quem trata e lida com as informações.

Precisamos ainda evoluir muito neste campo, pois ele é estratégico; sobretudo em um país como o nosso, de pouco incentivo às iniciativas científicas, onde o ensino formal de ciências é ainda precário, o papel do jornalismo científico então ganha ainda maior importância. Torna-se fundamental vivenciarmos a missão de levar informações eficazes para a qualidade de vida da sociedade, criando uma psicosfera de entendimento alicerçada por ações, estratégias e canais – em uma linguagem acessível, sem distanciar-se em natureza e essência da informação científica. Isto representa, sem dúvida alguma, enorme desafio e inadiável esforço.

Capítulo 2   Comunicação e Saúde: Interfaces e Construções — 33

O jornalismo científico ganha uma missão quase de "alfabetização científica", permitindo às pessoas estarem informadas com relação ao que acontece no universo da ciência e da tecnologia. É uma função sobretudo pedagógica. O compromisso, por certo, é com a democratização do conhecimento científico, que deve ser edificada pelos meios de comunicação de massa. Divulgar ciência com qualidade - aí entenda-se de forma inteligível e eficiente para o grande público - precisa deixar de ser algo quase inacessível e ganhar ares de normalidade. Sim, de normalidade. A Humanidade precisa, de forma tão ampla quanto natural, saber e vivenciar os avanços tecnológicos e as descobertas científicas de seu tempo.

Mas, infelizmente, vemos hoje muitos entraves. Grande parte da produção científica e tecnologia de ponta, mercadorias valiosíssimas, acabam, por vezes, e por diversas razões, distantes do interesse público. Muitas vezes, vemos um discurso pregando a cidadania, o compromisso com a sociedade, mas as ações não são compatíveis com tais discursos, e a produção/divulgação científica acabam direcionadas a interesses extra científicos.

Mas, mesmo nos limites de suas forças, há muitos profissionais e pesquisadores que continuam na perseverança do dia a dia... A ressaltar, grande parte da pesquisa brasileira, realizada por pesquisadores individuais ou pequenas equipes nas universidades e centros de pesquisa, perseveram, representando quase que um bastião de resistência. A carência de recursos, seja material e/ou humano, é, sem dúvida, algo que impossibilita a divulgação científica. Precisamos desenvolver caráter de incentivo a programas massivos de acesso público para fomentar a cultura científica e tecnológica. Estamos falando de criar o hábito mesmo... Através da repetição, educação, perseverança.

Enfim, necessitamos de mais reconhecimento e incentivo aos pesquisadores e aos profissionais da área de divulgação (o comunicador em saúde, o jornalista científico). Precisamos solidificar uma cultura na comunidade de divulgadores - nos que já trabalham na área e nos que irão atuar - para que os trabalhos e abordagens sejam sempre cuidadosamente orientados e sigam um planejamento, avaliação, gestão. A finalidade precípua de divulgar ciência com qualidade e entendimento tem de ser preservada sempre e potencializados, com orientação e critério, os canais de divulgação. Precisamos de mais incentivo, investimentos, eficiência, eficácia e efetividade. O desafio é grande, mas vamos em frente.

2.4 Novas Tecnologias e Saúde de Jovens e Adolescentes

Hoje somos todos cidadãos digitais. A cada dia, inovações, com novos canais e recursos. As potencialidades de comunicação são enormes, mas precisamos criar e preservar o uso responsável e apropriado desta tecnologia. Tudo o que colocamos na internet, por exemplo, deixa uma pegada, denominada como *impressão digital*. É como se fosse um rastro associado a sua identidade, que ficará registrado para sempre. Por isso, é aconselhável termos isso sempre em mente. Então, antes de qualquer ação, é imprescindível refletirmos bem sobre as consequências e o respeito envolvendo todos, mas, principalmente, a si mesmo. E, conscientes, materializarmos essa responsabilidade através da utilização de valiosas "peneiras": *O que vou produzir, publicar ou compartilhar é ético? É educativo? É proibido? É prejudicial? É saudável?*

Esse cuidado é vital, sobretudo quando se trata de crianças e adolescentes, que ainda não atingiram uma maturidade emocional suficiente para entender peso e consequências da sua exposição na rede social e digital. Hoje falamos muito em uso inapropriado das tecnologias por crianças e adolescentes. Mas não podemos culpabilizar nossas crianças e adolescentes por um possível mau uso se não ensinamos a elas – e, sobretudo, vivenciamos - o que consideramos apropriado, saudável e ético. Então, num conceito de ajuda e educação a estas crianças, adolescentes e jovens, faz-se imprescindível profissionais de saúde, comunicadores, pais e educadores entenderem quais são as questões relevantes não somente sobre a internet,

Capítulo 2   Comunicação e Saúde: Interfaces e Construções   — **35**

mas sobre todas as tecnologias. Somente desse modo, poderá haver *cultura digital*, que é um direito de todos.

Para reflexão nesse campo, tive a oportunidade de conversar[1] com Evelyn Eisenstein, médica e professora associada de pediatria e clínica de adolescentes da Faculdade de Ciências Médicas da Universidade do Estado do Rio de Janeiro (FCM-UERJ). Membro da *Society for Adolescent Health and Medicine (SAHM)*, e do Departamento Científico de Adolescência da Sociedade Brasileira de Pediatria (SBP). Também coordenadora do SIG, Grupo de Interesse Especial em Saúde & Medicina de Crianças e Adolescentes da Rede Universitária de Telemedicina, RUTE, e coordenadora da Rede ESSE Mundo Digital. Aqui, compartilho com vocês. Reflitamos.

- Hoje, vemos muita incitação à violência, intolerância e desequilíbrios por meio das redes digitais. Informações recentes sobre jogos e séries trouxeram à mídia a questão do suicídio juvenil. Como tudo isso repercute nos adolescentes?

Evelyn Eisenstein - Precisamos analisar as questões que envolvem infância e adolescência de uma forma mais ampla, sempre indo além do aparente. Hoje vemos realmente muita propaganda, marketing e canais com mensagens de incitação ao suicídio juvenil na rede digital. Mas precisamos sair do superficial e refletir mais profundamente. Não somente com relação ao jogo *Baleia Azul*, por exemplo, muito falado recentemente, que já veio, já foi, mas, certamente, daqui a pouco, haverá outro jogo, novos aplicativos, com novos riscos, novas teias.... Precisamos, primeiro de tudo, entender bem o que é a adolescência e como tudo isso está impactando nos adolescentes.

- E o que é a adolescência?

Evelyn Eisenstein - Antes de falar do tema em si, violência e vulnerabilidades nas redes digitais, acho profundamente necessário falar do adolescente em si, pois ele é o sujeito de direitos. Trabalho com a população de adolescentes. Quem é o adolescente? É um indivíduo em todos os seus direitos, numa fase importante de crescimento, desenvolvimento e maturação - cerebral, mental, emocional, social. O adolescente está dentro desse processo evolutivo. Está numa fase de transformações, a chamada fase da puberdade (aumento de peso, aumento de ganho de massa muscular, desenvolvimento sexual); mas, não podemos esquecer-nos que, paralelamente, também está havendo desenvolvimento mental e emocional. Os chamados fenômenos da puberdade e, nesta fase de intensas transformações, os adolescentes tornam-se um grupo social mais vulnerável, inclusive às influências dos contextos da mídia, da comunicação, do seu entorno social e da pressão dos grupos dos próprios adolescentes.

- Há, portanto, uma construção biopsicossocial...

Evelyn Eisenstein - Sim, e no que tange à construção social, devemos lembrar que ela varia entre culturas, grupos sociais. Aí entra um importantíssimo viés: a comunicação. A maneira como as pessoas comunicam esse fenômeno varia entre as populações, varia entre as gerações.... Eu posso te indagar: *Como foi sua adolescência? E como foi a adolescência de seus pais?* Certamente, você não vivenciou a adolescência deles, mas foi influenciado por questões ligadas à adolescência deles, concordando ou confrontando acerca de determinados valores.

- Então, a adolescência é também um momento de ressonância de gerações anteriores em interface com experimentações e o contexto atual do adolescente.

Evelyn Eisenstein - É uma fase de mudanças e transformações significativas. Está sendo criada uma teia de vínculos com o ambiente que o cerca. E, nesse processo, são extremamente importantes o núcleo familiar e o núcleo de amigos. É importante para o adolescente estar no grupo de amigos. Definimos isso como *pertencimento ao grupo*, seja família, amigos, grupos religiosos, entre outros. Há diversos grupos, em sociedade, que exercem várias influências, positivas ou negativas, sobre o adolescente.

- Nesse campo, vislumbramos também a atuação da mídia, correto?

Evelyn Eisenstein - Sim, e o estudo deste campo específico, a mídia, requer uma grande atenção. Há uma dita "indústria de entretenimento", com uma enorme profusão de filmes, vídeos, programas de televisão, séries, aplicativos, enfim, mídias diversas. Mídia é meio de transmissão. Mas precisamos refletir: *Quem produz esses vídeos? Filmes? Programas? Quem cria a estrutura dessas mídias?* Não são os adolescentes que fazem esses programas e aplicativos. São adultos que estruturam esses conteúdos, e o fazem com suas perspectivas, que advêm de suas próprias adolescências, com suas percepções. *E querem expressar o quê? Vender o quê?* Certamente um "produto".

- Fale-nos, por favor, sobre este "produto"...

Evelyn Eisenstein - Ele pode ser exagerado, simplificado ou distorcido. Aí está um ponto para o qual devemos aguçar muito os nossos sentidos. Esse "produto" pode estar sendo distorcido ou glamourizado nas redes sociais e, o mais grave, patologizando, adoecendo o adolescente. Aí nos perguntamos: *Mas por que ele é distorcido? Por que a gente não vende saúde?* Infelizmente, a realidade é que hoje estamos vendendo doença. Filmes de violência, guerras, terrorismo, muitas mortes, intolerâncias. "Heróis" contra "vilões". O "bem" contra o "mal".

- E, nesse contexto, então o que é *saúde do adolescente*?

Evelyn Eisenstein – *Saúde do adolescente* é um bem-estar - físico, mental, emocional -, é relaxar, é sentir-se bem, sentir-se acolhido, sempre construindo algo melhor. É prevenção. É cidadania. É estímulo com relação às potencialidades a serem desenvolvidas durante a fase da adolescência, que vai dos 10 aos 20 anos de idade, segunda década da vida, segundo os critérios da Organização Mundial da Saúde (OMS).

2.4.1 Espelho distorcido

- A mídia então vem traçando uma imagem equivocada de uma fase tão significativa para o ser humano...

Evelyn Eisenstein - Basta observar: em grande parte dos programas televisivos, dos filmes e vídeos, veicula-se, massificando o adolescente sexualizado, drogado, abusado, distorcido, sempre o adolescente problemático. Com a exposição ele até recebe sim alguma atenção, mas uma atenção negativa.... Por *que a sociedade não coloca esse adolescente com uma atenção positiva? Saudável? Por que não se investe nesse adolescente?* Em sua saúde, ao invés de ressaltar doença. Isso ocorre porque o adulto que fez esse filme, ou vídeo, ou mídia, ele não refletiu sobre a sua própria adolescência, sobre seus problemas... Dificuldades... Ele não vivenciou a fase, ou seus traumas passados, com reflexão. Esse adulto, que materializa esses "produtos", ele tem uma visão distorcida do processo. E vai continuando a patologizar a sociedade com tanta violência, intolerância, ódio, desequilíbrio. Pesquisa recente, *TIC Kids Online Brasil-*2015, realizada pelo CGI, Comitê Gestor da Internet, mostrou que 40% de um grupo de adolescentes já receberam mensagens de ódio, *cyberbullying*, entre outras formas de contato com violência, discriminação e intolerância nas redes... Hoje, por exemplo, se ofertam aos adolescentes esses tantos "produtos" sob a forma de videogames, jogos *online*, aplicativos, com clara incitação à violência, ao ódio e com o agravante de dar "recompensa", por exemplo, ganhar pontos se matar tantos adversários... Passar de fase... Adquirir bônus... Isso tudo cria um efeito cerebral, mental da *dependência online*.

- Fale-nos mais, por favor, sobre esse efeito...

Evelyn Eisenstein - Na tensão, na concentração do jogo, o adolescente vai liberando um neurotransmissor chamado dopamina. Pesquisas mostram que, quimicamente, em, aproximadamente, 8 a 10 minutos participando de jogo violento *online*, você libera dopamina na mesma proporção que, por exemplo, o ato de estar cheirando cocaína. Aí muitos falam: *O adolescente está dependente... Ele não larga o jogo...*. Mas precisamos entender todo o processo corporal, bioquímico, cerebral, mental, emocional. E repercutido no social e no âmbito lucrativo dos meios...

- Falta, sobretudo, a mensagem de saúde...

Evelyn Eisenstein - Sim. Todos estes materiais, vídeos, jogos, filmes, eles não têm a mensagem principal: *Como o adolescente está se sentindo. Como superar as dificuldades. Como procurar uma ajuda*. Recentemente, um jogo e uma série trouxeram à mídia a questão do suicídio juvenil. Houve muita polêmica se deveríamos ou não abordar um tema tão delicado na mídia. Vale ressaltar, a *Society for Adolescent Health and Medicine (SAHM)* ou a Sociedade Brasileira de Pediatria (SBP) não são contra a mídia refletir sobre o tema. Mas o que ambas as sociedades científicas recomendam é que não pode faltar, em hipótese alguma, como contraponto, esta mensagem principal de ajuda e acolhimento ao adolescente. E, à época, faltou, e continua faltando, esta mensagem, em muitos programas televisivos e digitais, inclusive. É vital o adolescente ser orientado e encaminhado a buscar uma ajuda, ser ouvido, entender a razão da massificação da violência. Refletir sobre a razão de estar "se distraindo" com um jogo violento, de guerra, ao invés de estar, por exemplo, jogando bola com amigos, praticando alguma atividade ao ar livre, dando vida a alguma atividade efetivamente educativa, cultural, esportiva ou musical, por exemplo.

2.4.2 Alfabetização digital

- Então, temos o jovem e o adolescente presos em uma teia. Como desvinculá-los dessa teia?

Evelyn Eisenstein - Conscientizando-o. Aqui estamos falando de alfabetização ou cidadania digital. O jovem e o adolescente precisam aprender o que é uma mídia, quem faz essa mídia, com quais intuitos se estrutura uma mídia, qual o seu alcance, o que fazer para preservar-se, o adolescente precisa discernir o que ele está vendo ali naquela mídia. Refletir sobre o vídeo que acessa, sobre o jogo que o prende, sobre o produto que está sendo "consumido" ou mesmo escravizando-o ao consumo de querer mais, mais e mais produtos.

- Estamos então falando de educação e de um processo de alfabetização mesmo, como o de uma criança, juntar as "letras", formando sentido, despertando a percepção, intuindo os riscos, caminhando com segurança.

Evelyn Eisenstein - Isso. Um filme, um vídeo, um jogo *online*, eles atuam como um "espelho" para o adolescente. Mas, como ressaltamos anteriormente, nossa mídia está colocando para o adolescente um espelho distorcido... E não uma praia, uma trilha a ser percorrida na natureza, um pôr de sol... Um espelho que reflita saúde.Não se mostra uma perspectiva de ajuda, uma mensagem de saúde e de que há sempre uma saída para os problemas e inquietudes que afligem o adolescente, não há um estímulo a desenvolver suas potencialidades.... Não são ofertados caminhos e oportunidades saudáveis a esse adolescente, os chamados *valores de resiliência*.

Capítulo 2   Comunicação e Saúde: Interfaces e Construções — 41

- A prevenção, sempre é o melhor caminho...

Evelyn Eisenstein - Por que não utilizar a mídia para mensagens do tipo: *Vamos fazer uma banda de música.... Cantar juntos.... Criar uma música.... Construir uma ação de paz ou ecológica de limpeza na comunidade,* apenas para citarmos alguns exemplos. Assim realizando, estaremos aliviando a tensão do adolescente, que ocorre em meio a uma sociedade lucrativa e patologizante. O adolescente está muito vulnerável. Precisamos abordar questões como suicídio juvenil e automutilação com uma enorme ética e responsabilidade. Inclusive a Organização Mundial da Saúde (OMS) emitiu parecer sobre a importância de a mídia não trabalhar tais questões sem colocar os contrapontos: *como procurar ajuda, sinais de alerta, como a família ter e ser suporte efetivo.* Enfim, precisamos hoje veicular e massificar preceitos de prevenção de riscos e mesmo da valorização da vida. A mídia precisa ter essa responsabilidade. Não é só falar sobre a patologia, mas mostrar alternativas saudáveis de evitar essa patologia. Prevenção sim. Sempre.

2.4.3 Adolescência como construção social

- Precisamos então gerar mais oportunidades para o adolescente criar, se expressar...

Evelyn Eisenstein - Sem dúvida. Cito aqui um recente exemplo, o projeto *Caminho Melhor Jovem*, propiciado pelo Núcleo de Estudos da Saúde do Adolescente da Universidade do Estado do Rio de Janeiro (NESA/UERJ), com adolescentes de comunidades do Rio de Janeiro, em um trabalho de produção de vídeos criados pelos próprios adolescentes. Foram, por meio desta mídia, efetivadas significativas mensagens, com criatividade, articulação e comprometimento. Inclusive, recentemente [nos primeiros meses de 2017] mostrei os vídeos em uma viagem que fiz ao Canadá... O material fez muito sucesso em Vancouver, em um centro comunitário para adolescentes, o qual tive a oportunidade de visitar. Foi fantástico ver os adolescentes do Canadá entendendo e se interando, numa parceria ativa, acerca da mensagem dos adolescentes do Rio de Janeiro. Enfim, precisamos construir trabalhos e "pontes", onde o fator lucrativo não seja o preponderante. Precisamos de mais apoio para desenvolver projetos e alternativas saudáveis, propor políticas de saúde.

- Necessitamos, portanto, de uma mudança de paradigma.

Evelyn Eisenstein - Em nossa sociedade atual há muita glamourização da violência, muita gamificação e uma excessiva monetização dos produtos, como jogos *online* ou performances de *youtubers* nas redes digitais para os adolescentes. Mas o adolescente não é essa "máquina de problemas", conforme espalhado pela mídia. Ele precisa é de estímulo positivo, de incentivo, precisa de uma escuta mais atenta, de oportunidades mais saudáveis de participação, o que chamamos de *protagonismo juvenil*. Por isso a importância de profissionais engajados implementarem novos projetos e trabalharem pelo fortalecimento de redes positivas nos campos sociais da comunicação e saúde. Temos que pensar nos desdobramentos futuros. Há que termos consciência para a necessidade de alfabetização digital e perseverar no desenvolvimento desse trabalho. Temos o Artigo 227 de nossa Constituição Federal, que ressalta ser dever da família, da sociedade e do Estado assegurar à criança, ao adolescente e ao jovem, com absoluta prioridade, o direito à vida e à saúde. Precisamos vivenciar essa prioridade, isso sim, é exercer a cidadania plena e com dignidade.

2.5 Um exemplo de humanização no SUS

A seguir, convido você, querido (a) leitor (a), a refletir sobre um aprendizado em uma rua de duas mãos: com profissionais, mantendo um olhar de saúde e não reduzindo o sujeito à doença, acolhendo crianças em um momento de estreitamento da vida; e estas crianças, com sabedoria e potencialidades inerentes, igualmente acolhendo e gerando preciosas lições aos profissionais. Tudo isso norteado e permeado pelo conceito de humanização do Sistema Único de Saúde (SUS). Estamos falando do *Programa Classe Hospitalar*, que vem reconstruindo esperanças e transformando a rotina de crianças e jovens pacientes internados em muitos hospitais do país, inclusive no Hospital Municipal Jesus, no bairro de Vila Isabel, na zona norte do Rio de Janeiro. Recentemente tive a oportunidade de conhecer este relevante trabalho[2].

A principal lição extraída na vivência deste projeto é que a educação e a comunicação, sobretudo o contato com o contexto de vida diária, representam consideráveis 'medicamentos' no tratamento, assim construindo/fortalecendo um modelo biomédico de integralidade, que nos evidencia que precisamos escutar para entender, perceber, intuir, cuidar. Jamais reduzir o sujeito à doença. Neste modelo de integralidade, precisamos desenvolver o aprendizado de encontro com o outro. Assim como os estreitamentos da vida podem ser alargados com recursos da medicina, o *Programa Classe Hospitalar* crê que esses estreitamentos também podem ser dilatados por meio da pedagogia, e sobretudo através das trocas, da comunicação, da convivência e seu forte impacto. A ressaltar, o Programa é introduzido por meio de um convênio entre a Secretaria Municipal de Educação e alguns hospitais, que edificam então esse convênio, que trabalha e propicia o atendimento pedagógico, por iniciativa das Direções que têm essa visão humanizada de assistência. Embora seja previsto por lei que crianças e adolescentes tenham acompanhamento pedagógico, esse acompanhamento ainda é bem tímido em relação ao número de hospitais que o Brasil possui em sua extensão. Essa modalidade de ensino só foi reconhecida em 1994 pelo Ministério da Educação e do Desporto (MEC) através da Política da Educação Especial, e, posteriormente normalizado entre os anos de 2001 e 2002 com os documentos, também do MEC, intitulados de: Diretrizes Nacionais para Educação Especial na Educação Básica (BRASIL, 2001) e Classe Hospitalar e atendimento pedagógico domiciliar: orientações e estratégias (BRASIL, 2002).

2.5.1 A interface entre educação, comunicação e saúde

Há alguns estudos que hoje evidenciam a importância da interface entre comunicação, educação e saúde, e os impactos positivos na saúde - física e mental - de crianças e jovens internados. Para maior sedimentação deste tema, é fundamental que os profissionais, tanto do Curso de Pedagogia como também os profissionais da Saúde, desenvolvam alternativas de socialização do conhecimento desses estudos, divulgando-os, publicando-os, ampliando os desdobramentos e aprofundamentos dessa investigação.

De acordo com documentos oficiais sobre atendimento escolar hospitalar, essa modalidade de ensino tem como objetivos:

- Dar continuidade aos processos de desenvolvimento e de aprendizagem do aluno hospitalizado;
- Desenvolver currículos flexibilizados;
- Contribuir para o retorno e reintegração da criança a seu grupo escolar;
- Facilitar o acesso da criança sem escolaridade à escola regular.

Esses objetivos contribuem para que uma criança hospitalizada que tenha matrícula escolar possa retornar a sua escola de origem e não apresentar problemas com os conteúdos acadêmicos uma vez que os mesmos foram com ela trabalhados pela professora da classe hospitalar durante a internação. A classe hospitalar também contribui para que crianças sem escolaridade possam pleitear matrícula numa escola regular já que a família é orientada a formalizar o direito de escolaridade do filho junto à Secretaria de Educação de sua cidade quando da alta hospitalar. Outra ação é o encaminhamento para o setor educacional especializado de crianças com deficiência que, muitas vezes, nunca frequentaram escola, mesmo estando em idade de obrigatoriedade para tal.

*Dados informados pela *Revista Educação e Políticas em Debate* – v. 4, n.1 – jan./ jul. 2015.

Os profissionais envolvidos no *Programa Classe Hospitalar* do Hospital Municipal Jesus ressaltam que, neste processo, existe um currículo bem maior, que é a evolução da criança. Obviamente que o trabalho pedagógico na *Classe Hospitalar* requer singularidades, a construção é permeada pela equipe de saúde, dando a segurança necessária caso a caso. Mas não há um mergulho na doença. Busca-se a socialização destas crianças e jovens, intuindo despertar suas potencialidades, projetando um futuro escolar brilhante. Esta visão humanizada é, sem dúvida, imprescindível. O professor precisa ter sensibilidade, vocação e fascínio pelas descobertas que advêm dessa experiência com as crianças internadas. As ações buscam vivenciar um olhar de saúde, de ânimo, de perspectiva de melhora. E as crianças acolhidas são muito espontâneas. Trata-se, por certo, de um acolhimento mútuo, com constante compartilhamento e troca de saberes.

2.5.2 Aportando alternativas

Um pouco de história.... Como começou este processo e, especificamente, o início no Hospital Municipal Jesus? Sabe-se que não é um fato recente na história da educação. Alguns autores da área afirmam que a sua origem remonta do início do século XX, na França. Aqui no Brasil, iniciou-se em 1950, no próprio Hospital Municipal Jesus, quando o então Diretor da Unidade, preocupado com o tempo em que as crianças permaneciam internadas, à época sobretudo acometidas de poliomielite, buscou alternativas para que elas pudessem ter acesso a algum tipo de ensino e aprendizagem. Então teve a iniciativa em desenvolver este programa. Porém, há registros que em 1600, ainda no Brasil Colônia, havia atendimento escolar aos deficientes físicos na Santa Casa de Misericórdia em São Paulo.

Ontem como hoje, por certo, sensibilidade, boa vontade e criatividade têm de andar de mãos dadas neste processo. Hoje, o Hospital Municipal Jesus conta com uma estrutura com espaço físico que permite as aulas, mas, no geral, sabemos, o ambiente hospitalar não foi concebido considerando a existência de uma escola como parte de seu espaço físico. Assim, o professor precisa usar potencialmente a criatividade, considerar diversas possibilidades e aportar alternativas para que se tenha um local minimamente adequado para o trabalho escolar com os alunos hospitalizados. Um olhar aguçado e um bom planejamento são ferramentas essenciais para o desenvolvimento das atividades.

Há hospitais que disponibilizam salas que são adaptadas no horário da aula. O uso da estrutura da enfermaria como espaço escolar tem sido uma opção para muitos professores quando o hospital não dispõe de espaço físico para a sala de aula funcionar de modo exclusivo ou adaptado. Muitas vezes são aproveitados espaços ociosos do hospital como um corredor mais largo, onde o professor monta e desmonta diariamente o ambiente escolar para o atendimento dos alunos. Há também situações em que, seja por falta de espaço adequado, seja pela condição clínica da criança, o atendimento escolar é feito no próprio leito do doente. São muitos os casos, especificidades, e então essas 'unidades de ensino', que são as classes hospitalares, precisam estar atentas às singularidades.

Enfim, neste campo há que lançar-se mão, em todos os momentos, de empatia, sensibilidade, criatividade, paciência e perseverança. Impreterivelmente, a segurança da criança, e seu tratamento íntegro, precisam ser assegurados. O trabalho pedagógico precisa estar sempre comprometido com essa segurança. Estudando caso a caso, os profissionais envolvidos vão sempre em busca da evolução da criança.

A avaliação caso a caso, a percepção e análise da condição clínica de cada criança, por exemplo, àquelas acometidas de questões infecciosas, há que os profissionais adotarem a chamada 'precaução por contato', enfim, são necessários cuidados singulares e as adaptabilidades que se fizerem necessárias. Mas o que os profissionais envolvidos comprovam, na prática, são os efeitos extremamente benéficos que são gerados com a manutenção da escola na vida da criança internada.

Os profissionais envolvidos no *Programa Classe Hospitalar* ressaltam que a concepção vai muito além do que comumente entendemos por escola. As crianças internadas dão à escola e ao aprendizado um lugar de eleição. Fazem questão de estarem inseridas no processo. A convivência gera um impacto muito forte, reverberando muito positivamente na saúde das crianças. O *Programa Classe Hospitalar* vem evidenciando que não existe saúde dissociada de comunicação e educação, que não há tratamento em saúde sem convivência, sem troca e sem a presença de uma boa comunicação.

Por certo, há que desenvolvermos sempre, para a efetivação do SUS, uma arena de conversa que junte os conhecimentos, ajudando pessoas, que hoje tenham estreitamentos, a reduzirem estreitamentos futuros. E essa troca e construção de saberes, a boa comunicação, a atuação interdisciplinar e a identificação das necessidades, desejos e interesses dos sujeitos certamente contribuem - e hão de contribuir sempre - na efetivação e no processo de humanização do SUS.

O *Programa Classe Hospitalar* nos mostra que, quando mobilizada - e com efetivos canais e estratégias de comunicação - uma equipe interdisciplinar em prol dos cuidados em saúde é capaz de transformar realidades, transformando-se a si próprios (cada profissional) nesse mesmo processo. O *Classe Hospitalar* no Hospital Municipal Jesus, no Rio de Janeiro, e, certamente, em todos os hospitais onde ele se faz presente, nos propõe que direito à comunicação e a um trabalho pedagógico de boa qualidade em hospital nasce atrelado ao movimento de humanização.

O Programa adentra a um ambiente antes tomado pela dor, medos e desesperança, trazendo a sala de aula para a enfermaria, joga luz e modifica não só a ambiência, mas sobretudo a saúde integral do indivíduo, restituindo-lhe ânimo e esperança. O amor e comprometimento dos profissionais envolvidos e a efetivação da troca com as crianças assistidas traz uma nova perspectiva de futuro - com olhar de saúde e desenvolvimento de potencialidades. Com toda certeza, o processo de humanização do SUS passa, impreterivelmente, pelo processo de humanização de cada um de nós.

2.5.3 Ampliando o olhar

Assim sendo, em consonância com tudo aqui exposto, reforçamos: onde não existe comunicação, não existe oxigênio. Investir em comunicação é investir em saúde. Para melhor qualidade de vida, com mais saúde, cidadania e participação, é nosso dever buscar, efetivar, desenvolver continuamente – e ter por guia - um modelo de comunicação que fortaleça a redistribuição da possibilidade de falar, de ser ouvido e ser levado em consideração, nos apropriando de tudo [enquanto meios, tecnologias e canais] que há no cotidiano, mas, acima de tudo, colocando vida em todas as formas de comunicar e existir. Um modelo que aposte na diversidade, na tolerância, e continuamente ampliando o olhar e o reservatório do fazer. Saber escutar é o primeiro passo. Com a escuta, você pode auxiliar o indivíduo a organizar as suas forças, que podem estar em desequilíbrio. As novas tecnologias e novas formas de comunicar são um avanço, mas equilíbrio é a palavra-chave. Precisamos de mais canais de escuta e menos canais de [simplesmente] ampliação da nossa voz.

Já estamos vivendo, com o advento das novas tecnologias, uma mudança de paradigma. A comunicação hoje é de todo mundo. Vem modificando relações de poder, induz ao protagonismo. Porém, o cuidado com relação à mensagem que se quer passar é essencial. Ao comunicar, lembremos: estamos comunicando estilos de vida, conceitos e/ou preconceitos. Com a comunicação, podemos produzir potência, mas também invisibilidades. Construir, mas também destruir. As novas mídias e tecnologias hoje possibilitam, por exemplo, através de um aparelho celular, um computador na palma da mão. Porém, a qualidade da comunicação que poderá advir dele não dependerá da qualidade tecnológica do aparelho, mas do reservatório de conceitos/valores que cada um de nós alimenta, transporta e dissemina.

Enfim, estamos diante de alguns desafios: repertório, potencialidades, polifonia, *fazer com*. Há que concebermos uma certeza: sempre podemos evoluir no quesito *ouvir o diferente*. Com tantas vozes e sentidos, urge encontrarmos na força da convivência um polo gerador de mais saúde.

Não há receitas. Precisamos experimentar, evoluir. O aprendizado é o processo do fazer. Sem uma comunicação adequada, os indivíduos, as organizações e instituições adoecem. Talvez a comunicação não seja a solução integral dos problemas em saúde e nos demais campos sociais. Mas certamente ela pode colaborar com grandes trabalhos de prevenção, construção e potencializa-nos a luz para encontrar a solução para os problemas.

Nota 1
A conversa/entrevista com Evelyn Eisenstein foi realizada em outubro de 2017, no anfiteatro do NESA/UERJ.

Nota 2
Tive a oportunidade de conhecer o *Programa Classe Hospitalar* em setembro de 2017, conversar com os profissionais responsáveis, em visita ao Hospital Municipal Jesus, que fica no Bairro de Vila Isabel, na cidade do Rio de Janeiro, RJ.

Bibliografia

1. Bouzas I, Jannuzzi F. Estatuto da Criança e do Adolescente: 25 anos. Adolesc Saude. 2015;12(2):6.

2. BRASIL, Ministério da Educação e do Desporto. Secretaria de Educação Especial. Classe Hospitalar e atendimento pedagógico domiciliar: estratégias e orientações. Brasília, MEC, 2002.

3. BRASIL, Ministério da Educação e do Desporto. Política Nacional da Educação Especial. Brasília, MEC, 1994.

4. BRASIL, Ministério da Educação e do Desporto. Diretrizes Nacionais para a educação especial na educação básica. Brasília, MEC, 2001.

5. Bueno, Wilson da Costa. Jornalismo científico: conceitos e funções. Ciência e cultura, v. 37, n. 9, p. 1420-1427, 1985.

6. Castro RCF. O impacto da internet no fluxo da comunicação científica em saúde. *Rev Saúde Pública*, v. 40, n. esp., 2006. Disponível em:< http://www.scielo.br/pdf/rsp/v40nspe/30623.pdf > Acesso em: 24 abr. 2018.

7. De Araújo, Inesita Soares. Mercado simbólico: interlocução, luta, poder. Um modelo de comunicação para políticas públicas. Rio de Janeiro (RJ): Universidade Federal do Rio de Janeiro, 2002.

8. De Araújo, Inesita Soares; CARDOSO, Janine Miranda. Comunicação e saúde. SciELO-Editora FIOCRUZ, 2007.

9. Eisenstein E. Desenvolvimento da Sexualidade na Adolescência. Adolesc Saude. 2016;13(Supl. 2):7-8.

10. Jannuzzi F. Ampliando o olhar. Adolesc Saude. 2016;13(3):6. Disponível em: < http://www.adolescenciaesaude.com/detalhe_artigo.asp?id=600 > Acesso em: 20 abr. 2016.

11. Lei nº. 8.069. Dispõe sobre o Estatuto da Criança e do Adolescente, e dá outras providências. Diário Oficial da União 1990; 16 jul.

12. Martín-Barbero, Jesús. "Dos meios às mediações: comunicação, cultura e hegemonia." *Dos meios às mediações: comunicação, cultura e hegemonia.* 2008.

13. Revista Adolescência & Saúde. Disponível em: <http://www.adolescenciaesaude.com.br> Ruzany MH, Grossman E. Saúde do Adolescente: Competências e Habilidades. Brasília: Ministério da Saúde, 2008, v.01. p.753.

14. Taquette SR. Conduta ética no atendimento à saúde de adolescentes. Adolesc Saude (UERJ). v.7, p.6 - 11, 2010.

Capítulo 3

A Ciência e a Sociedade

Antonio Carlos de Azevedo Ritto

O modelo científico de acesso à verdade é o mais bem sucedido modelo de compartilhamento e formalização de conhecimentos incluindo, inclusive, cooperação, complementaridade, sinergia e intersubjetividade.

A tecnologia, fruto da tecnociência se instala como onipotência para solução de todos os problemas e como provedora das possibilidades de evolução nos produtos e serviços e nos processos de produção.

O sucesso deste modelo tem proporcionado a ilusão da visão única de mundo que fortalece e é fortalecida pelo processo de globalização, enfraquecendo a tradição e a diversidade cultural com grande empobrecimento da vida, principalmente nos lugares distantes dos grandes centros onde um conjunto de características é eliminado sem deixar traços de sustentação da vida comum (Ritto, 2010).

Decorrência dos inúmeros paradoxos e contradições que convivem sem síntese, da própria ciência clássica emergiu a física quântica que questiona muitos dos conceitos e relevantes axiomas, tais como, a objetividade, a continuidade, o determinismo, a localidade que, mais que embasar o modelo científico, contaminaram o pensamento político e social (Ritto, 2010).

A divisão do conhecimento em disciplinas levou a uma excessiva fragmentação que, em muitos casos, se afasta do real. Nesse contexto, a visão transdisciplinar sustenta outra forma de percepção, mas não se estabelece como uma visão sincrética, nem como o elo perdido da visão integral, a ciência de tudo na busca da unidade perdida.

Pelo contrário, desde logo admite que a visão única, integral, de tudo, não existe ou não está disponível. A transdisciplinaridade não busca integrações, mas interações entre saberes diversos para alargamento da percepção. Respeita a especialização e as disciplinas, na medida em que respeita e se apoia nas diferenças, na diversidade (Ritto, 2010).

A sociedade contemporânea configura um ambiente novo baseado em comunicação e informação cujas regras, modos de convivência e operação estão sendo construídos, em tempo real, em todo o mundo.

Há mudanças nas dimensões política, econômica, social, cultural e tecnológica, algumas profundas, provocadas, sobretudo, pela utilização das Redes Sociais. Novas formas de modelar comportamentos e instituições, novas perspectivas para percebê-las e novas formas de tratar com elas.

As instituições agora precisam ser organizações que aprendem - redes de pessoas que ensinam e aprendem umas com as outras, o tempo todo, e onde líderes e liderados constituem um todo indivisível em contínua evolução.

A rede é o lugar da manifestação de múltiplas percepções e da intersubjetividade - os atores, ao tempo em que mantêm autonomia, estabelecem múltiplas relações de interdependência.

Muitas das inovações e evoluções e suas utilizações nos confundem, algumas, de tão rápidas e intensas, podem nos constranger.

Nas redes convivem relações de cooperação – dimensão integradora – e conflitos de interesses – dimensão de autoafirmação. Permanentes transformações no ambiente, nos atores, nos papéis.

Necessário repensar, refletir sobre novas lógicas, novo perceber, novas atuações, identificações de novas oportunidades, novas dificuldades com as quais conviver e tratar.

Casanova (2006) ensina que a globalização capitalista atual é diferente de 50 anos atrás, estudada por Gramsci, e de 100 anos atrás, estudada por Marx. Parece menos ainda com a globalização de 500 anos atrás. A Revolução Científica de nosso tempo tem sido equiparada a que ocorreu na época de Newton.

Hoje já não podemos pensar sobre a natureza, a vida e a humanidade sem levar em conta as descobertas que se iniciaram com a cibernética, a epistemologia genética, a computação, os sistemas autorregulados, adaptativos e autopoiéticos, as ciências da organização, do caos determinista, dos atratores e dos fractais. A profundidade dessas descobertas vai além de suas claras manifestações científicas e técnicas; inclui novas formas de pensar e atuar que compreendem as chamadas ciências da complexidade e as tecnociências.

Há novas coisas a fazer, há novas formas de pensar.

A utilização de inovações em saúde, como de resto, a utilização das inovações em áreas que envolvem a vida e a qualidade de vida de pessoas, é sempre revestida de muita complexidade.

No caso da Saúde tudo se agrava consequência de mudanças profundas que estão ocorrendo e que exigem novas propostas de Gestão.

Dr. Fernando Torrely, (2016) Diretor Executivo do Hospital Sírio-Libanês, constata que "chegamos a um momento em nosso segmento em que os Hospitais estão reduzindo suas margens econômicas em função dos custos crescentes, as operadoras de planos de saúde estão com elevada sinistralidade, os pacientes reclamam do tempo de espera nos prontos atendimentos e emergências, os médicos reivindicam melhores honorários e as empresas que financiam em mais de 80% os planos de saúde corporativos, não conseguem mais suportar os reajustes acima da inflação dos seus custos de saúde. Dr. Fernando conclui: "Precisamos encontrar uma nova pauta estratégica".

Construir novos caminhos com estratégias diferentes das que implementamos até hoje.

Precisamos estudar e aprofundar as novas tendências e inovações do segmento saúde para que novas estratégias sejam implementadas e desta forma tenhamos resultados diferentes (Torrely, 2016).

3.1 Um momento de Intensas Mudanças

A industrialização trouxe consigo, além da modernização, o avanço tecnológico e a valorização da ciência. Em muitos aspectos isso ocorreu desrespeitando os valores humanos, sobretudo a solidariedade que cedeu ao individualismo.

Os avanços tecnológicos também ocorreram na área da saúde. A introdução dos diversos instrumentos da tecnologia da informação e a profusão de modernos e sofisticados instrumentos que trouxeram muitos benefícios e rapidez na luta contra as doenças. Essas tecnologias modernas, criadas pelo homem a serviço do homem, têm contribuído, em grande medida, para a solução de problemas antes quase impensáveis, e que se consagra em melhores condições de vida e saúde para os pacientes.

Os dias atuais caracterizam-se por profundas e constantes mudanças, onde é crescente e cada vez mais acelerada a inovação tecnológica, colocando à disposição dos profissionais e usuários, os mais diversos tipos de tecnologia, aí incluídas tecnologias educacionais, tecnologias gerenciais e tecnologias assistenciais.

Sendo o hospital um local repleto de equipamentos de alta tecnologia, podemos encontrar excelentes técnicos, conhecedores profundos de aparelhos que eles manipulam com muita competência, mas sem vocação para confortar, de ir ao encontro das pessoas sofredoras. O paciente, em alguns casos, pode perder sua identidade e ser identificado friamente como um caso ou como um número (Hayashi & Gisi, 2000).

A área de saúde é muito diversa; envolve atividades médicas, hospitalares e ambulatorial, muitos e plurais profissionais, técnicas e conhecimentos, tudo com forte conexão com tecnologia e com inovação. Estas funcionalidades se desenvolvem em grande interação, com dinâmica sistêmica e grande complexidade.

Atualmente a tecnologia da informação estabelece a permanente emergência de novidades com influência intensa nas atividades de saúde; isso vem se intensificando desde a metade do século passado e, neste século XXI, conhece mais velocidade e ainda mais complexidade e diversidade.

As novidades tecnológicas decorrentes dos avanços apresentados pelas ciências médicas e biológicas se materializam sob a forma de novos equipamentos, novas medidas e novos procedimentos de cuidados em saúde que decorrem de inovações que determinam novas atividades profissionais com novas capacitações e formalização de novos processos de trabalho.

Estas emergências e esta miríade de novidades estão acontecendo em todas as áreas, mas, na área de saúde se reveste de mais complexidade; trata com o humano, seu cuidado e sua vida.

"Inovação tecnológica e acumulação de capital geram oportunidades de investimento, trabalho e renda, além de produzir avanços na melhoria da saúde das pessoas. Mas tornar esse processo virtuoso implica inovações no campo da política e processos decisórios" (Rivera e Attmann, 2016).

3.2 Inovações e suas Consequências

O desenvolvimento progressivo de conhecimentos e de tecnologias na área de saúde e bem estar tem aberto um potencial para um estado de vitalidade extraordinário para uso no desenvolvimento pessoal e profissional.

O setor de saúde recebe permanentemente um fluxo de novas informações que fazem com que o setor da saúde seja um dos setores da economia mundial que mais tem crescido nos últimos tempos.

Esta constatação, por um lado, revela vários benefícios que as inovações tecnológicas proporcionam no sentido da boa saúde e ao bem estar das pessoas e, por outro lado, a emergência de dúvidas, discussões e polêmicas com respeito à relação entre custos e benefícios que chegam à sociedade quando se leva em conta o crescente custo representado para os sistemas nacionais de saúde para adotarem efetivamente, nos procedimentos cotidianos, as inovações *já disponíveis.*

Somem-se a isso questionamentos éticos que a adoção de certas inovações e muitos automatismos têm provocado.

A gestão de recursos *é competência* cada vez mais presente em todas as instituições de saúde, obrigando *à racio*nalização desses recursos e ao estabelecimento de prioridades nas suas utilizações, cada vez mais seletivas já que não há como disponibilizar todos os recursos, para todos, em todos os pontos de atendimento onde se fazem efetivamente necessários.

3.3 Aspectos Éticos em Saúde com Adoção de Inovação

Neste contexto de recursos tecnológicos de grande envergadura com intensas utilidades ao lado da escassez de recursos para torná-los disponíveis para todos que deles necessitam levanta dramáticos dilemas éticos.

Tendo em conta o rápido desenvolvimento da ciência e a crescente disponibilização de inovação, na forma de tecnologias aplicadas aos diagnósticos e cuidados na saúde das pessoas, *é* fundamental que se promova uma discussão consciente e fundamentada no que tange a adoção e o estabelecimento de prioridades no uso efetivo dos instrumentos da inovação em saúde.

É necessária uma reflexão crítica à luz de aspectos éticos que evidenciem as principais indagações relacionadas com a introdução de novos e avançados equipamentos de custo elevado para instalação e manutenção e a forma de suas utilizações.

A inovação tem se revelado fulcral na promoção de avanços nos cuidados de saúde e na melhoria da qualidade de vida das pessoas; certamente com custos decorrentes.

Na gestão dos modernos recursos emerge a necessidade de racionalizar e estabelecer prioridades comprometidas com princípios éticos que busquem equidade. Que limites são aceitáveis na disponibilidade/indisponibilidade de recursos avançados de diagnóstico, de cuidados e de cura para que não se fira a equidade na opção por terapêuticas inovadoras e na gestão em saúde?

O desejo de acesso à inovação é prioridade da sociedade atual. As tecnologias inovadoras têm sido fundamentais na promoção dos cuidados de saúde e na melhoria da qualidade de vida das pessoas; no entanto, há custos elevados tanto na aquisição como na manutenção associados a essas tecnologias e à evolução e desenvolvimento da tecnologia. E a inovação em saúde pode referir-se ao processo ou aos produtos – equipamentos utilizados. E não podemos nos esquecer dos custos elevados em capacitação e manutenção de pessoas especializadas em suas operações; e precisam ser pessoas comprometidas com cuidado em saúde.

Em face da escassez de recursos, é mandatória a criação de políticas que privilegiem o acesso de grupos vulneráveis a esses recursos e que tragam à discussão a equidade na disponibilidade e na efetiva utilização destes importantes recursos.

As constantes evoluções nas tecnologias em suas diversas manifestações na área de saúde têm se revelado, de forma inequívoca, na longevidade e qualidade de vida das populações, mas trouxeram também novos desafios e problemáticas.

A descentralização promovida pela nova gestão pública das unidades de saúde cria múltiplos *níveis de decisão aos múltiplos* agentes envolvidos na incorporação de novas tecnologias de saúde.

Aos gestores públicos e privados, interessa a efetividade e eficiência dos serviços prestados, enquanto à academia, é útil o avanço do conhecimento, bem como a aquisição de prestígio.

Às empresas de tecnologia cabe o desenvolvimento dos produtos e desenvolvimento de novos mercados para criação de novas fontes de recursos, enquanto aos profissionais de saúde, importa a excelência de sua atuação, focada na prevenção, diagnóstico e tratamento das doenças.

Aos pacientes, interessa a solução para os seus problemas de saúde e para os cidadãos, verdadeiros patrocinadores dos sistemas de saúde, é primordial a utilização adequada dos recursos com vistas a maiores e melhores benefícios.

Nogueira (2016) cogita que "o dia a dia das instituições de saúde é caracterizado pela contenção económica, que impõe restrições, nomeadamente à gestão e aos profissionais de saúde, bem como à introdução e difusão de novas tecnologias e terapêuticas inovadoras. A procura da melhor relação custo-eficácia, associada à qualidade da prestação de cuidados de saúde, deverá pautar a atuação na saúde; no entanto, essa premissa pode ser incompatível com a disponibilização dos mais recentes avanços, levando assim à definição de prioridades. A correta gestão dessas tecnologias envolve aspectos éticos que permitirão aos diversos stakeholders a tomada consciente e aceitável de decisões".

"Ética significa caráter, e deve ser entendida como o conjunto de princípios morais que regem os direitos e deveres de cada um e que são estabelecidos e aceitos numa época específica" (Nogueira, 2016).

Centrada no ser humano, a ética pretende estimular sua perfeição, mediando a relação entre o bem e o mal.

O reconhecimento da importância do papel das relevantes estruturas da saúde no desenvolvimento e melhoria das condições de vida da população brasileira implica em identificar uma complexa rede de atores e papéis e envolvê-los de forma articulada nas múltiplas dimensões envolvidas em inovação na área de saúde.

As preocupações com os aspectos éticos na prestação de cuidados de saúde não se reduzem às simples normas contidas na legislação ou códigos de ética profissional, mas compreendem o respeito à pessoa como ser social, admitindo que a sua essência seja a sua liberdade, porém com compromisso e responsabilidade. Cuidar é muito mais que um ato, é uma atitude, uma ocupação e preocupação; é responsabilização e envolvimento com o outro (Nogueira, 2016).

"Na atualidade, o direito à saúde conta com a participação ativa do próprio cidadão, que é um dos principais responsáveis pela manutenção de sua saúde. Do direito *à saúde decorre também a neces*sidade de melhorar a gestão dos recursos finitos, criando prioridades e pensando nos custos. Essa otimização dos recursos sempre terá de ser realizada de acordo com a capacidade instalada do sistema de saúde, que não se esgota na esfera pública, abrangendo os setores social e privado, para os quais o Estado assume papel regulador" (Nogueira, 2016).

É mandatório reconhecer desigualdades socioeconômicas e regionais, conflitos e contradições no sistema de saúde brasileiro e o tamanho do desafio de avançar na adoção de soluções reais. Não é tarefa para poucos, exige muitos recursos e demandará a participação de toda a sociedade.

São diversos os fatores que têm contribuído para a escassez de recursos na saúde. Se as dificuldades econômicas vividas são uma enorme condicionante, é certo que o aumento da despesa também se deve ao envelhecimento da população e à crescente complexidade da tecnologia e das terapêuticas.

3.4 Gestão Inovadora

Rivera e Attmann (2016) discutem tendências no desenho de modelos organizacional e de gestão inovadores e destacam características que devem estar presentes nestes modelos, tais como:

- Descentralização radical da responsabilidade por resultados para as unidades operacionais;
- Redução no número dos níveis hierárquicos e uso de força-tarefa em vez de estruturas rígidas;
- Redução no papel do staff corporativo: a alta cúpula passa a concentrar-se em criar e disseminar conhecimentos, apoiado em recursos humanos internos;

- Mudança no estilo gerencial de comandar e controlar para facilitar e autorizar;
- Sistemas sofisticados de comunicação interna (tanto formal quanto informal), horizontal e vertical.

Os autores destacam que estas características apontam para modelos organizacionais que se aproximam da Adhocracia de Mintzberg, organizações de fronteiras permeáveis cujos membros se agrupam, de maneira temporária, para atender necessidades do ambiente externo, em que a comunicação flui de maneira ágil, e o conhecimento é adequadamente disseminado para os níveis em que agregam mais valor. Seguem uma lógica de equipes autônomas de trabalho, de maneira que os colaboradores tenham um senso de propriedade e sejam responsáveis pelos resultados. Isso encoraja uma cultura de autonomia e capacidade de assumir riscos, não compatíveis com organizações verticalizadas, concluem Rivera e Attmann (2016).

É imperativo inovar na gestão, fazendo melhor com o que se tem, eliminando desperdícios e apostando na valorização dos profissionais. No entanto, há que envolver todos os *stakeholders* da saúde na definição das prioridades, redução do endividamento, melhoria da qualidade e diminuição dos desperdícios.

A ética deverá ser o elemento unificador de todos os envolvidos, na medida em que seus princípios devem reger as decisões de políticos, gestores e profissionais de saúde. A ética permitirá a busca de valores, virtudes e princípios, de forma a garantir a proteção do usuário em situação de doença inesperada, qualquer que seja sua condição socioeconômica (Nogueira, 2016).

As políticas de saúde estão normalmente orientadas para garantir às populações serviços de alta qualidade, avançados e plenamente acessíveis. Num contexto de aumento dos custos em saúde, isso tem sido difícil de alcançar, de forma que a tarefa ética, diante desse cenário, é definir um contrato social que proteja tais valores. Os instrumentos políticos disponíveis para assegurar o controle das despesas não são totalmente satisfatórios em termos éticos (Nogueira 2016).

3.5 Considerações Finais

As evoluções que estamos vivendo revelam alterações relevantes na concepção, produção e consumo de produtos e serviços estimulados, sobretudo, pelos instrumentos da Tecnologia da Informação e da Comunicação, com destaque para as redes, a robótica, a nanotecnologia, a biotecnologia, dentre outros.

Nesta era de intensidade na evolução do conhecimento se estabelecem novos paradigmas técnicos e econômicos na produção e no consumo, agora tratados no contexto da globalização.

Produtos são criados e aperfeiçoados com influência na qualidade e nos preços, matérias primas convencionais são substituídas por outras, mais leves, mais elaboradas, proporcionando novos produtos e novos processos de produção, itens agregados são "produzidos" por Impressoras 3D e inaugura-se a Manufatura 4.0. A Manufatura 4.0 utiliza conceitos como Computação em Nuvem, Internet das Coisas, Big Data para povoar redes de objetos inteligentes que se comunicam proporcionando novos padrões para gerência dos processos.

Também se vale de novas possibilidades das funções logísticas, da relação entre todos os agentes envolvidos de uma maneira independente. A interação dos objetos reais com o mundo virtualizado é cada vez mais efetiva e transparente, habilitando a existência de sistemas de produção descentralizados espalhados por todo o globo, possibilitando baixar custo e incrementar qualidade de antigos produtos, mas, sobretudo, para criar produtos novos intensificando a inovação.

As restrições orçamentárias que ora vivemos têm trazido à discussão a sustentabilidade do Sistema Nacional de Saúde. Cada vez mais se debate a justiça social das escolhas feitas, principalmente no que toca à introdução da inovação em saúde, tendo por base os direitos individuais conquistados e materializados nas convenções internacionais e na própria Constituição.

Na atualidade, é imperativa a gestão eficiente de recursos escassos, como resposta adequada e convergente com as melhores evidências científicas à crescente procura de cuidados de saúde.

Nessa difícil missão, a ética e a bioética podem ser uma ferramenta de auxílio, orientando a tomada de decisão. São elas que poderão facilitar a mediação de todos os envolvidos na saúde – desde os tomadores de decisão até aos usuários, passando pelos gestores, instituições de saúde, empresas de biotecnologia, profissionais de saúde e cidadãos em geral –, na tentativa de promover um compromisso de todos eles com a prestação de cuidados seguros, oportunos, eficientes e equitativos. (Nogueira 2016).

Em nome da sustentabilidade, não poderão ser esquecidos os interesses da sociedade, de sorte que a gestão dos recursos deverá realizar-se de forma criteriosa, com foco na responsabilização de todos os que intervêm na saúde e na promoção de sua eficiência.

Bibliografia

1. CASANOVA, Pablo González; As novas ciências e as humanidades da academia à política, Editora BomTempo, São Paulo, 2006.

2. CREMERJ. O Impacto das Novas Tecnologias na Medicina. Jornal do Cremerj, nº 315, março de 2018. Publicação Oficial do Conselho Regional de Medicina do Estado do Rio de Janeiro. 2018.

3. HAYASHI & GISI, 2000, in Barra et all, 2006 - BARRA, D. C. C.; NASCIMENTO, E. R. P.; MARTINS, J. J.; ALBUQUERQUE, G. L.; ERDMANN, A. L. Evolução Histórica e Impacto da Tecnologia da Área da Saúde e da Enfermagem - Revista Eletrônica de Enfermagem, v. 08, n. 03, p. 422 - 430, 2006.

4. NOGUEIRA, Fábio Miguel; Aspectos éticos da inovação em saúde em Portugal, Rev. bioét. (Impr.). 2016; 24 (1): 83-90 - http://dx.doi.org/10.1590/1983-80422016241109 - Portugal, 2016.

5. RITTO, Antonio Carlos de Azevedo Ritto. – Produção de Conhecimento Socialmente Robusto. Editora Ciência Moderna, Rio de Janeiro, 2010.

6. RIVERA e ATTMANN - RIVERA, Francisco Javier Uribe Rivera; ARTMANN, Elizabeth. Inovação e agir comunicativo: redes e tecnologias de gestão para a saúde - Cad. Saúde Pública, Rio de Janeiro, 32 Sup 2:e00177014, 2016.

7. TORELLY, Fernando. Tendências e Inovações em Saúde; file:///Users/acritto/Downloads/Tendências%20e%20Inovações%20em%20Saúde%20——%20Gestão%20e%20Mercado%20da%20Saúde.html em 01/11/2016, Extraído em 23/04/2018.

Capítulo 4

Custo na Saúde

Denizar Vianna Araujo

4.1 Introdução

A economia estuda como pessoas, empresas, governo e outras organizações da sociedade fazem escolhas e como estas decisões determinam a utilização e alocação dos recursos entre os membros da sociedade.

Pesquisadores que elaboram análises de custo-benefício abordam os projetos com a seguinte questão: "Esta intervenção produzirá uma *melhoria de Pareto*?". Uma melhoria de Pareto é uma mudança que melhorará pelo menos as condições de uma pessoa e não piorará as condições de outros, porém, como na maioria das avaliações este cenário não é possível, modifica-se para: "Esta intervenção produzirá uma *possível* melhoria de Pareto?", no sentido de se questionar se é possível que os que ganham compensem os que perdem. A necessidade percebida de estimar em valores monetários as intervenções em saúde surge da busca de melhorias de Pareto – medidas para melhorar o bem-estar coletivo[1].

Cada indivíduo está, constantemente, fazendo escolhas entre alternativas que competem. Escolhas envolvem *trade-offs*, isto é, optar por gastar mais em alguma coisa nos deixa com menos para gastar em outra. Os *trade-offs* são consequência da escassez e limitação dos recursos na sociedade. Ao fazer escolhas, as pessoas respondem a incentivos. Num contexto econômico, incentivos são benefícios (por exemplo: mudança no modelo de remuneração) que motivam o tomador de decisão a fazer determinada opção.

Para fazer as melhores escolhas precisamos ter acesso e analisar informações. Por fim, estas escolhas determinarão a distribuição de riquezas e renda na sociedade[2]. No mundo real, os recursos são escassos para atender a todas as demandas da sociedade, principalmente as necessidades de saúde. Este panorama conflitante tem despertado o interesse da comunidade e seus diversos segmentos na busca de soluções. A Economia da Saúde é uma área do conhecimento interdisciplinar que pode auxiliar médicos, gestores e formuladores de políticas de saúde na difícil tarefa de tomar decisões em ambiente de escassez de recursos.

Esta perspectiva junto aos aspectos contemporâneos da medicina, caracterizada por uma avalanche de terapias que comprovadamente acrescentam um benefício clínico em relação às terapias prévias, mas vem associadas a um determinado custo, é muito oportuna. Tradicionalmente, quando avaliamos as diversas intervenções médicas, tanto do ponto de vista clínico quanto de política de saúde, nos preocupamos em estabelecer a _eficácia_ de uma intervenção -- que pode ser atingida quando aplicada em condições ideais – e a _efetividade_ -- mostrando o real efeito da intervenção quando utilizada nas circunstâncias usuais. Entretanto, devemos entender o conceito de _eficiência_ das intervenções, que considera não apenas a efetividade de cada intervenção, mas também os recursos necessários para que a mesma seja implementada.

As doenças, suas complicações e suas sequelas desencadeiam importante ônus para a sociedade, seja pelo componente social ou pela dimensão econômica. Os custos indiretos, também chamados de custos sociais, resultam da perda de produtividade associada ao absenteísmo, a improdutividade no trabalho ou à mortalidade precoce. Os custos indiretos são muitas vezes menosprezados pelos formuladores de políticas públicas e empregadores, que não identificam a relevância destes custos na economia e na produtividade.

Houve avanço significativo na última década nos instrumentos para mensuração do custo indireto decorrente das doenças. Os pesquisadores preocupam-se não só com o absenteísmo consequente à doença, mas com a mensuração do presenteísmo, que significa a estimativa da performance do funcionário no ambiente de trabalho e quanto a doença está comprometendo a produtividade.

Existem mensurações subjetivas e objetivas do presenteísmo. As subjetivas são realizadas através de questionários validados na literatura, tais como, *Stanford Presenteeism Scale* (Koopman et al., 2002), *Work Limitation Questionnaire* (Lerner et al., 2001), *Work Productivity and Impairment Questionnaire*[5] (Reilly et al., 1993). Estes instrumentos permitem mensuração da improdutividade e tradução em valor monetário.

As mensurações objetivas são contabilizadas pela definição e estimativa da unidade de produtividade por funcionário, por exemplo, um operário na linha de produção da fábrica possui produtividade de "x" produtos por hora. A redução no presenteísmo significaria quanto uma doença comprometeria esta produtividade. A estimativa do presenteísmo é importante para o empregador, pois algumas políticas de recursos humanos exigem a permanência do funcionário no ambiente de trabalho, sem quantificar o quanto de produtividade se perde com a doença, a despeito da presença do trabalhador.

Intervenções preventivas e terapêuticas que neutralizem ou minimizem o impacto da doença no trabalhador, podem representar ganho de produtividade para o empregador. As análises de custo-efetividade, custo-*utility* e custo-benefício auxiliam o empregador na tomada de decisão de financiar estas medidas preventivas e terapêuticas aos seus funcionários.

A análise de custo-benefício permite ao empregador avaliar o Retorno sobre o Investimento (ROI) de uma intervenção em saúde, por exemplo, a vacinação de sua força de trabalho e o retorno financeiro desta medida. Esta análise contribui para a eficiência alocativa dos recursos destinados à saúde dos funcionários, isto é, priorizar o investimento nas intervenções que geram mais valor pelo capital investido.

Este capítulo busca revisar os conceitos fundamentais de análises econômicas na área de saúde, especialmente os estudos de custo-efetividade, e fazer uma descrição crítica de análises econômicas brasileiras de modalidades diagnósticas e terapêuticas das doenças cardiovasculares.

4.2 Estudo do Custo da Doença

O estudo do custo da doença representa um método econômico descritivo que associado aos dados de prevalência, incidência, morbidade e mortalidade, auxilia na mensuração do impacto para a sociedade decorrente de uma doença específica. O estudo do custo da doença não é categorizado como análise econômica, pois não compara intervenções e não avalia desfechos em saúde. O objetivo é estimar a carga ou impacto de uma doença para priorizar alocação de recursos em políticas públicas de saúde, orientar fundos para pesquisa e identificar as doenças que mais comprometem o orçamento da saúde.

O estudo do custo da doença pode ser visualizado em duas dimensões: os possíveis pontos de vista desse estudo e os diferentes tipos de custo que devem ser observados.

O ponto inicial da estimativa do custo da doença é definir a perspectiva do estudo. Os diferentes custos que incidem em decorrência de uma doença dependem da perspectiva do estudo. Existem potenciais conflitos de interesse entre os vários participantes do sistema de saúde: médicos, pacientes, operadoras de planos de saúde, governo e sociedade. Adota-se, sempre que possível, a perspectiva da sociedade, onde todos os custos incorridos são computados, independentes de quem financia. Por exemplo, na perspectiva do pagador (operadora de plano de saúde) o custo direto (hospitalização, honorários médicos) relacionado à doença é mensurado, porém, o custo indireto resultante da improdutividade e absenteísmo não é computado, pois não é contemplado por este pagador. Na perspectiva da sociedade, tanto custo direto quanto indireto possui importância na análise e, por este motivo, ambos são coletados e estimados.

Os custos específicos são identificados e calculados para o estudo do custo da doença. É importante diferenciar "custo" de "preço", assim como as diferentes categorias. Custo é definido como os recursos físicos e humanos consumidos na provisão de um serviço ou produto. Preço é estabelecido pelo mercado, inclui margem de lucro e não reflete o custo real para o fornecimento do serviço ou produto.

4.2.1 Custos diretos

Os custos diretos são aqueles diretamente resultantes das intervenções. Os custos diretos são divididos em médicos e não médicos. Exemplos de custos diretos médicos são: as diárias hospitalares, os exames complementares, os medicamentos, as próteses e órteses, honorários médicos. Exemplos de custos diretos não médicos são: o transporte do paciente ao hospital, os honorários de contratação de um "cuidador" temporário para o período de convalescença do paciente.

4.2.2 Custos indiretos

Os custos indiretos, também chamados de custos sociais, resultam da perda de produtividade associada ao absenteísmo ou à mortalidade precoce. Exemplos de custos indiretos são: o referente à perda de produtividade de um trabalhador que se encontra internado ou em consulta ambulatorial e o do acompanhante do paciente, temporariamente impedido de trabalhar.

4.3 Análise Econômica em Saúde

Definição: Análise das opções de escolha na alocação dos recursos escassos destinados à área de saúde, entre alternativas que competem pelo seu uso.

Todas as formas de análise econômica envolvem tanto os *inputs* (uso de recursos) quanto o nível de *outputs* (benefícios de saúde) dos programas de saúde. Estas análises proporcionam a comparação entre as alternativas e facilitam o processo de escolha do uso apropriado dos recursos escassos. O quadro 4.1 sumariza os principais métodos para elaboração de análises econômicas em saúde.

Quadro 4.1. Métodos para realização de uma análise econômica em saúde

Método	Custos diretos	Custos indiretos	Desfechos mensurados
Custo efetividade	Sim	Frequentemente	Desfechos em saúde[a]
Custo benefício	Sim	Sim	Dólares ou reais
Custo utilidade	Sim	Ocasionalmente	Mensuração de preferências[b]
Custo minimização	Sim	Ocasionalmente	Desfechos semelhantes em saúde
Adaptado de Meltzer, 2001.			

[a] Exemplo de desfecho em saúde: "anos de vida salvo".

[b] Exemplo de mensuração de preferência (*utility*): *Quality-Adjusted Life Years* (*QALY*).

4.3.1 Análise de custo-efetividade

A análise de custo-efetividade mensura o custo em unidades monetárias dividido por uma unidade não monetária, chamada unidade natural, por exemplo, anos de sobrevida após uma determinada intervenção em saúde. A análise de custo-efetividade é a melhor opção quando comparamos duas ou mais intervenções para um mesmo desfecho em saúde. Permite estimar o custo por unidade de efetividade. Trata-se da modalidade mais utilizada nas análises econômicas em saúde.

Uma intervenção em saúde é dita custo-efetiva se produz um benefício clínico justificável para o seu custo. A determinação de quanto a efetividade adicional justifica o custo extra é tomada pela sociedade e depende de valores sociais e da disponibilidade de recursos. Embora a quantificação explícita do custo aceitável para determinada efetividade ("benefício clínico") seja de difícil definição, níveis de referência valiosos são as intervenções médicas que a sociedade escolhe incorporar. A definição do limite considerado custo-efetivo varia de sistema de saúde e entre os países, por exemplo, para sistema americano tradicionalmente é mencionado valores de US$50.000/QALY, na Inglaterra até £30.000/QALY, por exemplo.

O Quadro 4.2 resume as possibilidades de resultado da análise de custo-efetividade.

Quadro 4.2. Possíveis resultados da análise de custo-efetividade

		CUSTO Maior	CUSTO Menor
Efetividade	Maior	Avaliar RCEI[a]	Estratégia Dominante
	Igual	Não recomendada	Recomendada
	Menor	Estratégia Dominada	Necessidade de Análise

[a] RCEI: Razão de Custo-Efetividade Incremental

A observação da matriz acima identifica a alternativa que proporciona maior benefício com menor custo, chamada "dominante". Esta é a condição ideal, porém pouco frequente na prática médica. A condição mais comum de um novo tratamento é proporcionar maior efetividade, porém com maior custo. Esta é a situação onde a análise farmacoeconômica mais contribui, quantificando o benefício para cada unidade de custo, permitindo uma comparação entre alternativas de tratamento.

4.3.2 Análise de custo-benefício

Na análise de custo-benefício, todos os custos incorridos e os benefícios resultantes são expressos em unidades monetárias. A análise de custo-benefício pode ser utilizada para comparar tratamentos para diferentes indicações clínicas, ao contrário da análise de custo-efetividade. Ao final da análise, a intervenção onde o benefício é maior que o custo define uma alternativa vantajosa, pela visão econômica.

4.3.3 Análise de custo-utilidade

A análise de custo-utilidade (*cost-utility analysis*) é uma forma especial de análise de custo-efetividade, na qual o custo por unidade de utilidade (unidade que está relacionada ao bem-estar do indivíduo) é calculado. Trata-se de análise que estima as preferências do indivíduo, contemplando um componente qualitativo para a tomada de decisão, ao contrário das demais categorias de análises, que são apenas quantitativas. As unidades mais comumente usadas são *Quality-Adjusted Life Years* (*QALY*) e *Disability-Adjusted Life Years* (*DALY*). Existem três métodos básicos para a obtenção dos valores de utilidade de um estado definido de saúde: a opinião de *experts*, valores usados em estudos prévios e questionários[7].

4.3.4 Análise de custo-minimização

A análise de custo-minimização é um tipo especial de análise de custo-efetividade utilizada quando duas ou mais intervenções em saúde têm o mesmo desfecho. Caracteriza-se como método de comparação de custos entre alternativas de tratamento onde se assume um efeito clínico equivalente entre as modalidades terapêuticas comparadas. O objetivo é identificar a forma menos dispendiosa de atingir o desfecho desejado.

4.4 Análise de Impacto no Orçamento

A análise econômica é uma ferramenta eficiente de alocação de recursos para os financiadores do sistema de saúde (públicos e privados), porém não é capaz de responder às questões específicas de financiamento para o objeto da análise. Por isso, além de maximizar a eficiência na alocação dos recursos, o financiador deverá analisar se a inclusão da nova terapêutica é compatível com o seu orçamento. Existem modelos econômicos específicos para análise de impacto no orçamento, onde o financiador (operadora de plano de saúde ou secretaria de saúde) estima a partir do número de pessoas beneficiadas e da prevalência da doença em questão, qual será o comprometimento no seu orçamento. Esta análise permite complementar a tomada de decisão sobre a incorporação da nova terapêutica.

4.5 Etapas da Análise Econômica em Saúde

As etapas para operacionalização da análise econômica em saúde exigem rotinas sistemáticas, similares aos rigorosos padrões da pesquisa clínica tradicional. A seguir é descrito o passo a passo da análise de custo-efetividade:

1º Avaliar o melhor desenho de estudo como premissa da análise.
O uso da metodologia de revisão sistemática da literatura é o ponto de partida

para a qualidade e acurácia da análise de custo-efetividade. No cenário de análises comparativas entre medicamentos devemos utilizar as revisões sistemáticas de ensaios clínicos controlados randomizados, com cegamento como padrão ouro da análise. A alternativa na ausência dos grandes *trials* é a utilização de meta-análise que combina os resultados de estudos independentes, para obter poder estatístico com a somatória de amostras e quantificação do tamanho do efeito terapêutico.

2º Definir a perspectiva (ponto de vista) da análise.
Os desfechos e os custos de se utilizar uma intervenção dependem da perspectiva da análise. Existem potenciais conflitos de interesse entre os vários participantes do sistema de saúde: médicos, pacientes, operadoras de planos de saúde, governo e sociedade. Adota-se, sempre que possível, a perspectiva da sociedade, onde todos os custos e desfechos incorridos são computados, independentes de quem financiou ou de quem se beneficiou de determinada intervenção. Por exemplo, na perspectiva do pagador (operadora de plano de saúde) o custo direto (hospitalização, honorários médicos) relacionado à intervenção é mensurado, porém o custo indireto resultante da improdutividade e absenteísmo não é computado, pois não é contemplado por este pagador. Na perspectiva da sociedade, tanto custo direto quanto indireto possui importância na análise e, por este motivo, ambos são coletados e estimados.

3º Incluir todos os custos e desfechos relevantes.
Operacionaliza-se esta etapa pela revisão sistemática da literatura para definição das probabilidades de desfechos (melhor evidência disponível) e pela coleta, preferencialmente de dados primários, de todos os custos para estimativa da utilização de recursos com valoração dos mesmos.

4º Definir a taxa de desconto (*discounting*).
Muitas análises ocorrem em diferentes momentos no horizonte de tempo do estudo. Para realizar comparação direta entre custos e desfechos em diferentes

momentos no período de tempo estudado, é necessário realizar o chamado "desconto".

Desconto é a técnica que permite esta comparação. É particularmente importante em saúde, onde o custo pode ocorrer imediatamente, enquanto o desfecho ocorre tardiamente, por exemplo, em programas preventivos como vacinação ou para tratamentos de doenças crônicas.

Trata-se da aplicação de uma taxa de desconto para obter o valor presente de todos os custos que acontecem em diferentes momentos no tempo. Os textos clássicos em Economia da Saúde e a Diretriz da Organização Mundial de Saúde abordam o racional para definição da taxa de desconto para análises de custo-efetividade em saúde. Os autores apresentam as divergências entre pesquisadores para definição da taxa de desconto mais adequada, inclusive que permita a comparabilidade entre análises realizadas em diferentes contextos. Com exceção do *Washington Panel* que advoga taxas de desconto distintas para custos e efeitos na saúde (6% e 1,5%, respectivamente), há consenso entre os autores de que o caso-referência (*base case*) deve situar-se entre 3 a 5%, com análise de sensibilidade variando entre 0 a 7%. Estes valores são sugeridos, também, no *Panel on Cost-Effectiveness in Health and Medicine* [8]. Porém, a estimativa de taxas de desconto para países emergentes e países em outros estágios de desenvolvimento econômico ainda não está estabelecida, apesar da sugestão da Organização Mundial de Saúde de que deveria situar-se acima das recomendações atuais[9]. As diretrizes metodológicas para estudos de avaliação econômica de tecnologias para o Ministério da Saúde recomendam 5%[10]. A fórmula abaixo é uma versão simplificada para se obter o valor presente dos custos futuros:

$$C_{at} = \frac{C}{(1+d)^a}$$

C_{at} = custo atual (valor presente)
C = custo futuro
d = taxa de desconto
a = período (anos)

Exemplo:
O valor atual de R$ 100 despendidos em 2 anos a partir de agora seria (com taxa de desconto de 5%):
R$ 100 ÷ (1+ 0,05)² = R$ 91

5º Estimar a razão de custo-efetividade.
A etapa seguinte é a comparação entre a diferença dos custos (no numerador) entre as alternativas analisadas, divididas pela diferença da efetividade (no denominador) obtida com as alternativas analisadas. Com esta operação obtemos a razão de custo-efetividade da intervenção e a possibilidade de mensurar o benefício para cada unidade de custo. Podemos comparar duas intervenções subtraindo o custo da intervenção "A" pelo custo da intervenção "B", dividido pela efetividade "A" menos a efetividade "B". O resultado demonstrará a razão de custo-efetividade incremental (RCEI) da alternativa "A" em comparação a alternativa "B".

Interpretação dos resultados da análise de custo efetividade: Existem alguns resultados possíveis para análise de custo-efetividade, na comparação entre duas tecnologias.

Primeiro cenário: o novo tratamento quando comparado ao tratamento existente, apresenta custo menor com maior efetividade (chamado cenário dominante, *cost saving* na literatura inglesa), nesta condição o novo tratamento deve ser incorporado.

Segundo cenário: o novo tratamento tem custo maior com menor efetividade (chamado cenário dominado), nesta condição o novo tratamento deve ser descartado.

Terceiro cenário: o novo tratamento proporciona custo maior, porém com maior efetividade, nesta condição deve-se analisar a Razão de Custo-Efetividade Incremental (RCEI), para avaliar se o novo tratamento é custo-efetivo, isto é, apresenta um custo incremental que se justifica pelo benefício de saúde que proporciona.

6º Realizar análise de sensibilidade

É o processo de testar a estabilidade da conclusão do estudo através da variação de algumas premissas (Exemplo: incidência da doença, capacidade instalada de leitos, percentual de cobertura de imunização da população, custo da vacina etc.). Caso ao término da realização de uma análise de sensibilidade os resultados quantitativos do estudo sejam insensíveis às alterações ensaiadas, afirma-se que as conclusões da análise são robustas. Análise de sensibilidade é muito importante na avaliação de fenômenos que se podem caracterizar por um comportamento probabilístico. A ideia é conseguir formar uma amostra significativa do comportamento de um sistema pelo sorteio de situações e respectiva análise, a fim de se avaliar o valor médio dos resultados e daí deduzir o comportamento global do sistema, a partir do comportamento da amostra. Os eventos-no-tempo para cada paciente são obtidos pela geração de números randômicos em programas computacionais específicos (por exemplo: Simulação de Monte Carlo). Com esta análise podemos definir o intervalo de confiança do estudo.

4.6 Estudos Econômicos Realizados no Brasil

Análises econômicas em saúde são metodologias relativamente recentes, e na última década começaram a ser publicadas com maior frequência no Brasil, embora ainda em número limitado comparativamente a outros países. Abaixo descrevemos alguns estudos em cardiologia.

4.6.1 Impacto econômico dos casos de doença cardiovascular grave no Brasil: uma estimativa baseada em dados secundários

Azambuja et al[11] estimaram o número de casos de Doença Cardiovascular Grave (DCV) a partir das taxas de letalidade e mortalidade dos pacientes hospitalizados. Estudos observacionais e bancos de dados nacionais foram utilizados para estimar os custos referentes à hospitalização, atendimento ambulatorial e benefícios pagos pela previdência. A perda da renda foi estimada com base nos dados do estudo de Carga de Doenças no Brasil. Aproximadamente dois milhões de casos de DCV grave foram relatados em 2004 no Brasil, representando 5,2% da população acima de 35 anos de idade. O custo anual foi de, pelo menos, R$ 30,8 bilhões (36,4% para a saúde, 8,4% para o seguro social e reembolso por empregadores e 55,2% como resultado da perda de produtividade), correspondendo a R$ 500,00 *per capita* (para a população de 35 anos e acima) e R$ 9.640,00 por paciente. Somente nesse subgrupo, os custos diretos em saúde corresponderam por 8% do gasto total do país com saúde e 0,52% do PIB (R$ 1.767 bilhões = 602 bilhões de dólares), o que corresponde a uma média anual de R$ 182,00 para os custos diretos *per capita* (R$ 87,00 de recursos públicos) e de R$ 3.514,00 por caso de DCV grave.

4.6.2 Custo Anual do manejo da cardiopatia isquêmica crônica no Brasil. perspectiva pública e privada

Ribeiro et al realizaram estudo de coorte em pacientes ambulatoriais com diagnóstico de Doença Arterial Coronariana. Os valores de eventos cardiovasculares foram obtidos de internações em hospitais público e privado com estas classificações diagnósticas, no ano 2002. O preço dos fármacos utilizado foi o de menor custo no mercado. Os 147 pacientes (65±12 anos, 63% homens, 69% hipertensos, 35% diabéticos e 59% com Infarto do Miocárdio prévio) tiveram acompanhamento médio de 24±8 meses. O custo anual médio estimado por paciente foi de R$ 2.733,00, pelo Sistema Único de Saúde (SUS), e R$ 6.788,00, para convênios. O gasto com medicamentos (R$ 1.154,00) representou 80% e 55% dos custos ambulatoriais, e 41% e 17% dos gastos totais, pelo SUS e para convênios, respectivamente. A ocorrência de evento cardiovascular teve grande impacto nos custos (R$ 4.626,00 vs. R$ 1.312,00, pelo SUS, e R$ 13.453,00 vs. R$ 1.789,00, para convênios, p<0,01).

4.6.3 Estimativa do Custo da insuficiência cardíaca no sistema único de saúde

Araujo et al estimaram o custo direto e indireto do tratamento ambulatorial e hospitalar da insuficiência cardíaca, em pacientes do SUS, atendidos em Hospital Universitário. O delineamento do estudo foi transversal e estimou a utilização de recursos em 70 pacientes, selecionados de forma consecutiva, em tratamento ambulatorial e hospitalar. Foram utilizados questionários e prontuários dos pacientes para coleta dos dados.

Os recursos utilizados foram valorados em reais no ano 2002. A população estudada constou de 70 pacientes (39 mulheres), com idade média de 60,3 anos. Ocorreram 465 diárias hospitalares (28,5% dos pacientes). Houve 386 internações em enfermaria e 79 em unidade de tratamento intensivo. O custo com consulta ambulatorial foi de R$ 14,40. O gasto com medicamentos ambulatoriais totalizou R$ 83 mil (custo por paciente/ano de R$1.191,86). O custo por paciente internado foi de R$ 4.033,62. O custo com exames complementares totalizou R$ 39 mil (custo por paciente/ ano de R$ 557,28). Foram aposentados precocemente pela insuficiência cardíaca 20 pacientes, representando perda de produtividade de R$ 182 mil. O custo total foi de R$ 444 mil. Hospitalização representou 39,7% e medicamentos 38,3% do custo direto. Estes dados hoje têm sido usados para estimativa real dos custos para este perfil de indivíduos.

4.6.4 Custos comparativos entre revascularização miocárdica com e sem circulação extracorpórea

Girardi et al avaliaram o custo hospitalar em pacientes submetidos à cirurgia de revascularização miocárdica com e sem o uso de circulação extracorpórea (CEC), com doença multiarterial coronariana estável e função ventricular preservada. Os custos hospitalares foram baseados na remuneração governamental vigente. Acrescentaram-se aos custos o uso de órteses e próteses, complicações e intercorrências clínicas. Consideraram-se o tempo e os custos de permanência na UTI e de internação hospitalar.

Entre janeiro de 2002 e agosto de 2006, foram randomizados 131 pacientes para cirurgia com CEC (CCEC) e 128 pacientes sem CEC (SCEC). As características basais foram semelhantes para os dois grupos. Os custos das intercorrências cirúrgicas foram significativamente menores para pacientes do grupo SCEC comparados ao grupo CCEC (606,00 ± 525,00 vs. 945,90 ± 440,00), bem como os custos na UTI: 432,20 ± 391,70 vs. 717,70 ± 257,70, respectivamente. Os autores concluíram que a cirurgia de revascularização miocárdica, sem circulação extracorpórea, proporciona diminuição de custos operacionais e de tempo de permanência em cada setor relacionado ao tratamento cirúrgico. Importante destacar a experiência deste grupo de cirurgia, embora os dados possam não refletir a realidade em outras instituições do país.

4.6.5 Análise dos valores SUS para a revascularização miocárdica percutânea completa em multiarteriais

Meireles et al pesquisaram os valores remunerados pelo SUS para a obtenção da revascularização miocárdica percutânea completa em pacientes com doença multiarterial relacionados ao número de procedimentos necessários e de *stents* implantados. Foram incluídos 141 pacientes com doença coronariana multiarterial, submetidos à revascularização completa com sucesso pelo implante de *stent*, com coronariografia aos 6 meses pós-implante. A revascularização completa foi definida como o tratamento percutâneo de todas as lesões com percentual de estenose > 70%, em vasos com diâmetro > 2 mm. Para análise dos custos, foram considerados os valores da Tabela SIH/SUS de R$ 2.263,77 para o procedimento e R$ 2.034,23 por *stent* implantado. No período de 07/2006 a 12/2007 foram implantados 416 *stents* em 141 pacientes. A idade média foi de 59,7 ± 9,9 anos, com predomínio do sexo masculino (68,1%). O número de vasos foi 356 e o número de lesões 416. Para a obtenção da revascularização completa pelo implante de *stent* coronariano foi necessário o escalonamento em até 4 procedimentos. Os autores concluíram que a revascularização percutânea completa em pacientes do SUS com doença coronariana multiarterial, realizada, em sua maioria, de forma escalonada, ocasiona considerável elevação de gastos públicos devido ao aumento do número de procedimentos. Esta informação deveria ser fortemente considerada na revisão das políticas nacionais sobre este procedimento.

4.6.6 Análise de custo-efetividade do tratamento da hipertensão arterial no Brasil

Moreira et al avaliaram a relação de custo-efetividade dos tratamentos anti-hipertensivos em uma cidade de grande porte do Estado de São Paulo, para subsidiar políticas de saúde. O resultado demonstrou que o uso de betabloqueador em monoterapia proporcionou a melhor taxa de controle da pressão arterial, mas que o uso de diurético foi o mais custo-efetivo.

4.6.7 Estimativa do impacto orçamentário com o tratamento da hipertensão arterial no Brasil

Dib et al utilizaram a prevalência de 28,5% (33,6 milhões de indivíduos hipertensos no ano de 2005) para estimativa do custo com o tratamento da hipertensão arterial no Brasil. Os autores levaram em consideração que aproximadamente 50% dos indivíduos hipertensos não estão diagnosticados e somente 52% encontra-se em tratamento medicamentoso (Projeto Corações do Brasil). Os grupos de pacientes foram divididos em estágios 1, 2 e 3, com prevalência de 53,3%, 35,7% e 11% respectivamente. O custo anual para tratamento da hipertensão arterial no SUS foi de aproximadamente R$ 969 milhões, e no Sistema Suplementar de Saúde, de R$ 662 milhões. O custo total com o tratamento da hipertensão arterial representou 0,08% do produto interno bruto (PIB) brasileiro em 2005.

4.6.8 Custo-efetividade de desfibrilador implantável no Brasil nos setores públicos e privado

Neste estudo, os autores avaliaram a custo-efetividade do CDI em pacientes com ICC sob duas perspectivas: pública e saúde suplementar. Foi construído um modelo de Markov para analisar a relação de custo-efetividade incremental (RCEI) do CDI, comparado à terapia convencional, em pacientes com ICC. Efetividade foi medida em anos de vida ajustados para qualidade (QALY). Na literatura, buscaram-se dados de efetividade e complicações, sendo os custos extraídos das tabelas do SUS e de valores praticados pelos convênios, assim como médias de internações hospitalares. A RCEI foi de R$ 68.318/QALY no cenário público e R$ 90.942/QALY no privado. Esses valores são superiores aos sugeridos como pontos de corte pela Organização Mundial da Saúde, de três vezes o PIB per capita. Variáveis mais influentes na análise de sensibilidade foram: custo do CDI, intervalo de troca do gerador e efetividade do CDI. Em simulação de cenário semelhante ao MADIT-I, as relações foram de R$ 23.739/QALY no cenário público e R$ 33.592/QALY no privado. Para a população em geral com ICC, a relação de RCEI do CDI, tanto na perspectiva pública como na privada, é elevada. Os resultados deste estudo apontam para necessidade de buscar maior eficiência quando do uso desta tecnologia, com identificação de grupos de maior risco ou redução dos custos do CDI.

4.6.9 Análises de custo-efetividade dos stents farmacológicos e stents convencionais para doença coronariana

Nesta outra análise econômica desenvolvida para cenário brasileiro, os autores descrevem a razão de custo-efetividade incremental (RCEI) entre stents farmacológico e não farmacológico para doença coronariopatia uniarterial. Em uma amostra de 217 pacientes (130 SF e 87 SNF), com 48 meses de seguimento (média=26), os autores aplicaram o modelo previamente desenvolvido para este cenário, com dados de sobrevida livre de eventos para stent farmacológico de 90,8% *vs* 85,0%; Angina: 6,9% *vs* 10,3%: reestenose clínica 2,3% *vs* 10,3%. A RCEI foi R$131.647,84 por reestenose evitada. Nesta análise, combinando resultados clínicos locais, o stent farmacológico mostrou uma relação de custo-efetividade muito desfavorável, considerando valores por reestenose evitada da prática clínica no Brasil.

4.7 Estudo Econômico na Sepse

Sepse é uma condição altamente prevalente em Unidades de Terapia Intensiva (UTI) e está associada a elevadas taxas de morbidade e mortalidade e custos econômicos elevados.

Por estas razões, os provedores de cuidados de saúde, gestores, formuladores de políticas de saúde e operadoras de planos de saúde têm focado seus esforços em estratégias que possam reduzir o seu impacto econômico e social. Nos diferentes modelos de Sistema de Saúde, a Unidade de Terapia Intensiva consome quantidade significativa de recursos e têm sido frequentemente considerada como alvo dos esforços para reduzir a escalada dos custos médicos.

Edbrooke *et al.* estimaram que o custo direto do atendimento de pacientes com sepse é 6 vezes maior do que a assistência aos pacientes sem sepse, internados em UTI. De acordo com dados dos Estados Unidos da América, cada paciente séptico hospitalizado tem custo de cerca de US$ 25,000, com impacto global de aproximadamente US$ 17 bilhões por ano. Estas cifras podem aumentar quando o paciente evolui para choque séptico e disfunção múltipla de órgãos, que exigem intervenções diagnósticas e terapêuticas de alto custo e internação prolongada. Em paralelo, os custos indiretos também foram estimados como excessivamente elevados. Os custos indiretos são resultantes da falta de produtividade de um trabalhador que se encontra hospitalizado, temporariamente impedido de trabalhar. Os custos indiretos de sepse foram estimados em 2-3 vezes superiores aos custos diretos.

Os custos médicos diretos associados com sepse grave consistem principalmente em custos hospitalares. Os principais componentes destes custos podem ser divididos em blocos. Edbrooke *et al.* relataram que as despesas com pessoal (enfermeiros, médicos, técnicos e auxiliares) consomem 45% a 60% do orçamento total da UTI. Em comparação com a grande parcela dos custos de pessoal, outros custos fixos (tais como serviços de apoio não clínicos, equipamentos, aluguel e despesas de manutenção de infraestrutura) têm um impacto menor sobre o custo total de cuidados intensivos. Os custos variáveis, inclusive medicamentos, serviços laboratoriais e de diagnóstico, foi de apenas 30% dos custos totais.

Sogayar *et al.* realizaram estudo multicêntrico, prospectivo, em hospitais públicos e privados brasileiros, para avaliar os custos de pacientes com sepse internados em Unidades de Terapia Intensiva. Vinte e uma Unidades de Terapia Intensiva com 524 pacientes sépticos foram incluídos neste estudo. Os autores usaram uma abordagem *bottom-up* (estimativa dos custos de baixo para cima) para identificar, quantificar e valorar todas as intervenções diagnósticas e terapêuticas realizadas nos pacientes, durante todo o período de hospitalização.

Os custos unitários foram valorados para o ano de 2006, com base na Classificação Brasileira Hierarquizada de Procedimentos Médicos (CBHPM), padronização definida pela Associação Médica Brasileira e Conselho Federal de Medicina para contratualização entre operadoras de planos de saúde e médicos em todo Brasil. Os insumos e fármacos utilizados no ambiente intra-hospitalar foram valorados pela tabela Brasíndice. Os exames complementares foram valorados segundo a Classificação Brasileira Hierarquizada de Procedimentos Médicos. Os custos diretos fora da UTI e os custos indiretos não foram incluídos na pesquisa. A mediana de custo total de cada paciente séptico foi de US$ 9,632 (intervalo interquartil [IQR] 4,583-18,387; 95% IC 8,657-10,672), enquanto a mediana de custo diário na UTI por paciente foi de US$ 934 (IQR 735-1,170; 95% IC 897-963). A mediana de custo diário por paciente foi significativamente maior nos não sobreviventes quando comparado aos sobreviventes, ou seja, US$ 1,094 (IQR 888-1,341, 95% IC 1,058-1,157) e US$ 826 (IQR 668-982, 95% IC 786-854), respectivamente (p <0,001).

Os autores identificaram que os custos dos pacientes que evoluíram para o óbito aumentaram dia a dia, enquanto os custos com os sobreviventes diminuíram após os primeiros dias. Os pesquisadores observaram aumento no padrão de custos associados com o óbito, enquanto os sobreviventes apresentaram padrão decrescente, o que indicou uma maior utilização dos recursos nos pacientes que evoluíram para o óbito na tentativa de reverter o resultado fatal esperado.

Para comparação entre pacientes internados em hospitais públicos e privados, os autores encontraram um escore SOFA médio de internação em UTI de 7.5 e 7.1, respectivamente (p = 0,02), e taxa de mortalidade de 49,1% e 36,7%, respectivamente (p = 0,006). Pacientes internados em hospitais públicos e privados tiveram uma duração similar de permanência de 10 (IQR 5-19) dias, contra 9 (IQR 4-16) dias (p = 0,091), e mediana total dos custos diretos para o público (US$ 9,773; IQR 4,643-19,221; 95% IC 8,503-10,818) versus privado (US$ 9,490; IQR 4,305-17,034; 95% IC 7,610-11,292) os resultados dos hospitais não diferiram significativamente (p = 0,37).

O estudo de Sogayar *et al.* forneceu a primeira análise sobre os custos econômicos relacionados a sepse em Unidades de Terapia Intensiva no Brasil e revelou que o custo do tratamento da sepse é alta e, apesar da gestão da UTI e alocação de recursos similares, houve uma diferença significativa em relação à evolução do paciente entre o privado e o público hospitais. Esses dados reforçaram a necessidade de uma campanha nacional, a fim de padronizar o gerenciamento e diminuir a heterogeneidade na forma como estes pacientes são tratados em instituições brasileiras.

4.8 Considerações Finais

A contribuição da Economia da Saúde é instrumentalizar os médicos e gestores para o processo de tomada de decisão, momento no qual decidimos o que, quanto, para quem, a que custo, e qual o benefício da ação que estamos produzindo, possibilitando guiar o processo de decisão de modo racional e com vistas a alcançar o maior benefício coletivo com os recursos disponíveis.

Estamos, constantemente, fazendo escolhas entre tratamentos, com custos e efetividades diferentes, para uma mesma finalidade clínica. É importante que procuremos a "melhor evidência" para o tratamento da enfermidade em questão e analisemos o benefício proporcionado ao paciente, idealmente, aquele que proporcione a melhor relação custo-efetividade. Na prática clínica do mundo real, onde existe escassez de recursos e desigualdade no acesso à saúde, o uso dos estudos da área de economia da saúde pode auxiliar muito nos processos decisórios.

Bibliografia

1. Adams J. Risco. Editora Senac. São Paulo, 2009.

2. Stiglitz JE, Walsh CE. Teoria Econômica e Nova Economia. In: Stiglitz JE, Walsh CE; Introdução à microeconomia, 3a Edição. Rio de Janeiro; Editora Campus. 2003: p. 8-13.

3. Koopman C, et al. Stanford Presenteeism Scale: health status and employee productivity. J Occup Environ Med 2002 Jan; 44 (1): 14-20.

4. Lerner D, et al. The work limitations questionnaire. Med Care 2001 ; 39: 72-85.

5. Reilly MC, et al. The validity and reproductibility of a work productivity and activity impairment instrument. Pharmacoeconomics 1993; 4 (5): 353-65.

6. Kobelt G. Health Economics: An Introduction to Economic Evaluation. 2nd Edition. 2002. Office of Health Economics.

7. Subak LL. Análise de Custo-Efetividade. *In:* Medicina Baseada em Evidências – Uma Estrutura para a Prática Clínica. Rio de Janeiro, Editora Guanabara Koogan: 79, 2001.

8. Drummond M, McGuire A. Economic Evaluation in Health Care. Merging theory with practice, New York, Oxford University Press:236-55, 1996.

9. Tan-Torres Edejer T, Baltussen R, Adam T, Hutubessy R, Acharya A, Evans DB et al. Guide to Cost-Effectiveness Analysis, World Health Organization. Geneva:67-72, 2003

10. Vianna CMM, Caetano R. Diretrizes metodológicas para estudos de avaliação econômica de tecnologias para o Ministério da Saúde.
Disponível em: http://portal.saude.gov.br/portal/arquivos/pdf/diretrizes_metodologias_ave.pdf. Acesso em abril de 2018

11. Detsky AS, Naglie G. A clinician's guide to cost-effectiveness analysis. Ann Inter Med 1990;113:147-54

12. Azambuja MIR et al. Impacto Econômico dos Casos de Doença Cardiovascular Grave no Brasil: uma Estimativa Baseada em Dados Secundários. Arq Bras Cardiol 2008;91(3):163-171.

13. Ribeiro RA et al. Custo Anual do Manejo da Cardiopatia Isquêmica Crônica no Brasil. Perspectiva Pública e Privada. Arq Bras Cardiol 2005;85:3-8.

14. Araujo DV et al. Custo da Insuficiência Cardíaca no Sistema Único de Saúde. Arq Bras Cardiol. 2005;84(5):422-427.

15. Girardi et al. Custos Comparativos entre Revascularização Miocárdica com e sem Circulação Extracorpórea Arq Bras Cardiol 2008;91(6):369-376.

16. Meireles GCX et al. Análise dos Valores SUS para a Revascularização Miocárdica Percutânea Completa em Multiarteriais. Arq Bras Cardiol 2010;94(3):300-305.

17. Moreira GC et al. Evaluation of the awareness, control and cost-effectiveness of hypertension treatment in a Brazilian city: populational study. J Hypertens 2009; 27(9):1900-1907.

18. Dib MW et al. Estimate of the annual cost of arterial hypertension treatment in Brazil. Pan American Journal of Public Health 2010;27(2):125–31.

19. Ribeiro RA, Stella SF, Zimerman LI, Pimentel M, Rohde LE, Polanczyk CA. [Cost-effectiveness of implantable cardioverter defibrillators in Brazil in the public and private sectors.] Arq Bras Cardiol. 2010 Mar;94(3):286-92, 306-12.

20. Martin GS, Mannino DM, Eaton S, Moss M. The Epidemiology of Sepsis in the United States from 1979 through 2000. N Engl J Med 2003; 348:1546-54

21. Moerer O, Schmid A, Hofmann M, Herklotz A, Reinhart K, Werdan K, et al. Direct costs of severe sepsis in three German intensive care units based on retrospective electronic patient record analysis of resource use. Intensive Care Med 2002; 28:1440–6

22. Burchardi H, Schneider H. Economic Aspects of Severe Sepsis. A Review of Intensive Care Unit Costs, Cost of Illness and Cost Effectiveness of Therapy. Pharmacoeconomics 2004; 22 (12):793-813

23. Edbrooke D, Hibbert C, Ridley S, Long T, Dickie H. The Intensive Care Working Group on Costing. The development of a method for comparative costing of individual intensive care units. Anaesthesia 1999;54:110–20

24. Lee H, Doig CJ, Ghali WA, Donaldson C, Johnson D, Manns B. Detailed cost analysis of care for survivors of severe sepsis. Crit Care Med 2004; 32(4):981-5.

25. Edbrooke DL, Hibbert CL, Kingsley JM, Smith S, Bright NM, Quinn JM. The patient-related cost of care for sepsis patients in a United Kingdom adult general intensive care unit. Crit Care Med 1999; 27:1760-7

26. Angus DC, Linde-Zwirble WT, Lidicker J. Epidemiology of severe sepsis in the United States: Analysis of incidence, outcome, and associated costs of care. Crit Care Med 2001; 29:1303–10

27. Brun-Buisson C, Roudot-Thoraval F, Girou E, Grenier-Sennelier C, Durand-Zaleski I. The costs of septic syndromes in the intensive care unit and influence of hospital-acquired sepsis. Intensive Care Med 2003; 29:1464–71

28. Sogayar AM, Machado FR, Rea-Neto A, Dornas A, Grion CM, Lobo SM, et al. Costs Study Group - Latin American Sepsis Institute. A multicentre, prospective study to evaluate costs of septic patients in Brazilian intensive care units. Pharmacoeconomics 2008;26(5):425-34.

Capítulo 5

Gestão da Inovação na Saúde

Marinilza Bruno de Carvalho

5.1 Inovação na Saúde

A proposta de estudar e discorrer sobre Gestão, Inovação e Tecnologia, em matéria de notória importância como a **Saúde** repousa na discrepância da ***relevância do tema*** diante da ***situação Brasileira***. Temos a inferir que não bastam os melhores Fármacos, Equipamentos e mesmo uma grande equipe de profissionais da Saúde. Urge uma Organização, um estudo de utilização, métodos e processos que garantam realmente a Qualidade do resultado na Saúde, necessário no seu tratamento e prevenção. Neste sentido entende-se que as soluções conhecidas não estão respondendo as reais demandas da Sociedade como um todo. Ingênuo pensar que o problema é somente questão financeira. O cenário Brasileiro mesmo em comparação com outros países apresenta uma condição muito aquém do que poderíamos ou deveríamos ter, mas apresenta também oásis de inovação e qualidade. Bolhas que deveriam ser expandidas para todo o país. E não são. Por quê? Significa dizer que o conhecimento existe. A técnica, muitas vezes é utilizada. Mas são ilhas de excelência em um país de magnitude continental.

Neste cenário vale ressaltar os conceitos de Inovação, Gestão e Tecnologia, certamente já conhecidos, mas muito provavelmente não disseminados, utilizados e aculturados. Com este sentido avançamos na questão de inovar na gestão da saúde e disseminar estratégias tecnológicas inovadoras.

Este estudo se propõe a apresentar um discurso possível de mudança, desde que desejada, é claro, como Inovação na Gestão, visualizando uma Gestão Inovadora para a Saúde no Brasil.

5.2 Inovação e Cultura

O processo de Inovação passa por um caminho inevitável de processos e produtos que são criados por pessoas inovadoras. Os elementos de estudo, a responsabilidade, a legitimação e a divulgação cabem às Instituições de Pesquisa e desenvolvimento que devem ser as primeiras a inovar, pois em seu seio nascem as ideias e proliferam os futuros gênios da Humanidade. Atuar de forma inovadora e disseminar esta cultura torna-se mandatório para a Saúde do Brasil e no Brasil.

Segundo o Ministério de Ciência, Tecnologia e Inovação, a compreensão da necessidade de o Brasil se inserir nesse cenário requer "opções ousadas" na produção de conhecimento e de inovações na economia brasileira, onde o país tem condições de ter uma atuação relevante no cenário mundial. Nesse contexto, as Universidades e os institutos de pesquisa são reconhecidos na lista de atores do processo de geração e transferência de tecnologia (MCTI, 2015). Um setor que tem ocupado lugar de destaque na criação de ambientes inovadores, o que representa grande estímulo para os grupos de pesquisa da área da saúde, é a do setor de biotecnologia. Em recente levantamento feito das empresas de biotecnologia no Brasil, parte expressiva (39,7%) diz respeito à área de saúde, seguida da área de veterinária (14,3%) e de outras, com menores percentuais (Brazil Biotech Map, 2016). Para o Ministério de Ciência, Tecnologia e Inovação, é de grande relevância que se realize, a implantação de um amplo programa de fomento ao desenvolvimento de fármacos com base na biodiversidade e em conhecimentos tradicionais associados, com ênfase no desenvolvimento de vacinas e tratamentos para doenças negligenciadas (MCTI, 2016). Este é um estudo extremamente relevante, pois apesar de atingir um pequeno grupo, pode demandar inovações

Capítulo 5   Gestão da Inovação na Saúde   — 95

que capilarizadas venham a promover benefícios em outras áreas que não somente as doenças negligenciadas. O novo Marco Legal da Biodiversidade, organiza a pesquisa com seres vivos, na exigência do cadastro no Sisgen - sistema de dados da Comissão de Acesso Genético no Brasil, o CGEN.

No tocante à gestão, sua real importância e conceito estão na ideia e criação. A gestão exige criar modelos, testar parâmetros de qualidade e propostas de acompanhamento, minimizar custos e melhorar resultados.

A Cultura de Inovação visualiza a criatividade e o diferente superando e resolvendo problemas, que até os dias de hoje não encontraram solução e continuam neste ambiente de Fazer do mesmo jeito. Outros "Jeitos" estão sendo propostos e estudados, de modo que inovar e pensar diferente se apresentam como um atributo de sustentabilidade.

A inovação não é um conceito complexo, mas muitíssimo aberto. Basta pensar diferente e encontrar ou buscar uma nova maneira de fazer as coisas. Talvez a complexidade se manifeste na dificuldade da abertura da MENTE. Reina neste Universo, "a mente de cada indivíduo", um verdadeiro domínio de sucessos alcançados, caminhos percorridos e o medo do novo, que engessa e congela, impedindo ações mais ousadas e diferentes. Desde *1513, Niccolô Machiavelli* em seu conhecido livro, *"O Príncipe"*, ele, *Machiavelli,* retrata a dificuldade de inovar e a reação contrária a qualquer novo sistema ou modelo. Mesmo que o novo venha trazer vantagens, ainda não se tem comprovação, o que coloca todos sob suspeita das possibilidades reais de sucesso. Também o medo de aprender com seus erros, máxima, apresentada por Thomas Edson, se reveste de muitas controvérsias, maximiza os desafios da Inovação. Portanto, empreender e inovar urge ações, propostas e projetos de conquista e uma nova cultura para testes e aperfeiçoamentos, dentro dos limites calculados, nas linhas da ética e da moral, mas com flexibilidade de pensar e criar alternativas diversas para a mesma questão.

Conforme a Lei de Inovação - LEI Nº 13.243, DE 11 DE JANEIRO DE 2016, o conceito de inovação é - *"introdução de novidade ou aperfeiçoamento no ambiente produtivo e social que resulte em novos produtos, serviços ou processos ou que compreenda a agregação de novas funcionalidades ou características a produto, serviço ou processo já existente que possa resultar em melhorias e em efetivo ganho de qualidade ou desempenho".*

Deste modo, muitos dos projetos, antes sem arcabouço legal para ações diferenciadas, recebem uma base legal para propor inovações, mudanças e transformações. Contudo, não basta uma LEI, pois Cultura não se transforma por decreto. Torna-se urgente, projetos de capacitação, debates e muita flexibilidade, testes e estudos que permitam uma nova visão de mundo e construção de um futuro mais inclusivo e inovador.

5.3 A Globalização e a Inovação Aberta

Sempre que o assunto é saúde, a primeira questão posta é *"como está a SAÚDE NO BRASIL PERANTE O MUNDO?".*

E como sempre, também sabemos, os problemas, geralmente, estão na pergunta e não na resposta.

Segundo *Berlinguer*, 2015, *"saúde era entendida como bem-estar individual, como interesse coletivo e como condição essencial de vida em liberdade".*

Se seguirmos este padrão e arguirmos "como está o Brasil, sua economia, empregos, segurança". Poderíamos concluir que considerando o bem-estar individual, coletivo e vida em liberdade!! A Saúde é uma questão de Cidadania.

Capítulo 5   Gestão da Inovação na Saúde   — 97

Christensen, 2009, já apresentava a inovação na Gestão da Saúde, como manifestação maior e responsabilidades de todos. Daí a globalização, que permite a circulação da informação com uma velocidade, impossível de acompanhar, mas à disposição de todos.

Um cliente no consultório apresenta questões que pesquisou na internet. Nas mídias sociais o tratamento de uma pessoa é veiculado para várias pessoas que discutem, repetem e/ou discordam. Neste contexto urge também o trato com a informação – correta, íntegra e no tempo certo – trazendo ao profissional da Saúde mais esta atribuição da "percepção e orientação nas consultas à internet". De forma aleatória, desconexa e sem orientação profissional estas informações podem ser fatais. *"Todos são profissionais da saúde".*

A proposta da Inovação aberta de Chesbrough, 2003, é a parceria entre os que pesquisam e desenvolvem indústria e comércio. A Gestão Inovadora na saúde pode se aproximar deste modelo com parcerias que facilitem a pesquisa, na busca de novos produtos, processos e serviços que possam dar mais agilidade, qualidade e eficácia em procedimentos, cada vez menos invasivos, o diagnóstico, a terapêutica, a posologia e o acompanhamento social e psicológico.

Como proceder diante de uma Cirurgia Robótica, a Inteligência Artificial e a Impressão 3D. Quem pode usar e ser beneficiado? Quem sabe usar? Que demanda exige do profissional? Que insumos? Qual o custo? E o valor agregado ao Paciente? Cura? Alivia? E a qualidade de vida do Paciente?

A Gestão da Inovação na Saúde pode ser o Princípio, o Meio e o Fim.

5.4 Modelos de Inovação na Gestão

A inovação na Gestão imprime um novo olhar, mais abrangente, criterioso e preocupado com resultados e sua avaliação de desempenho. O desperdício é um inimigo mortal.

A **Inovação na Gestão** se ocupa com o processo e resultados. Por isto a inovação na Gestão tem a função e meta de **Criar, Planejar e Avaliar**. Nestes últimos dormem os gargalos de desempenho no Brasil, onde não existe a cultura de Planejamento nem Avaliação.

Deste modo, a Inovação inaugura realmente uma nova Era, na medida em que se inicia inovando com um Plano de Trabalho. Mas, tem-se a caracterizar este Plano. Não se trata de um Plano estanque e engessado. Deve-se ressaltar, tratar-se de um Planejamento que será acompanhado na sua realização, aferidos os resultados alcançados e comparados com os objetivos propostos, de forma a responder, se alcançados forem, em que medida e quais os gargalos. Caso não alcançados, medidas a serem tomadas, mudanças de rumo, atualização de planejamento diante do exposto e relatórios parciais e finais, de todas as ações realizadas.

A Inovação na Gestão segue o modelo dos **3P's. Pessoas, Processos e Projetos.** Pessoas com perfil criativo, empreendedor e feliz. Processos delineados, viáveis, conhecidos / programados e tangíveis (definição de métricas e indicadores de qualidade). Projetos – objetivo definido, justificativa, cronograma, atividades, metodologias, conclusão (definição de métricas e indicadores de qualidade).

A Inovação privilegia a negociação, o entendimento e as parcerias. A liderança dos processos decisórios (Rivera e Attmann, 2016), suscita a Integração e interação na gestão de pessoas, processos e produtos.

Neste sentido a integração dos Institutos de Pesquisa, as Universidades, a indústria e o comércio devem propor ações conjuntas na criação de projetos com equipes de profissionais das várias áreas de conhecimento de forma a criar realmente alternativas inovadoras que cumpram o dever no atendimento da saúde no País. Como questão de cidadania, e não sendo metafórico, a saúde se reflete na segurança, nas finanças, na economia e produzem bem ou mal-estar na medida em que são ou não atendidas.

As novidades da tecnologia podem e devem trazer inúmeras vantagens no exercício da medicina e de todos os profissionais da saúde, mas é completamente absurdo que estas mesmas tecnologias não possam atender a todos os cidadãos na prevenção e cuidados da saúde.

Conhecido é o alto custo da Saúde, quer nos fármacos, insumos e tecnologias. Daí os estudos e debates, de como uma Gestão Inovadora pode gerar políticas que tragam este bem-estar a uma população maior, mas não por número, (Hayashi & Gisi, 2000), mas com qualidade atendendo na síntese do compromisso médico e seu juramento, de cura, acolhimento e sigilo.

Também não é novidade o grande desperdício existente em todos os setores Brasileiros. Estudos comprovam que a Inovação da Economia Circular pode trazer benefícios com alto valor agregado, na geração de novos modelos e processos para tratarem as diferentes pessoas com os diversos equipamentos.

Imprime-se, neste caso, uma necessidade de parceria, integração e capacitação em todas as áreas, contínua e permanente em novas tecnologias com novos processos e insumos, no cuidado para identificar quais setores podem fazer uso de tal modelo.

5.5 Metodologias e Processos para Inovar na Gestão

5.5.1 - Inovação na Gestão da Saúde

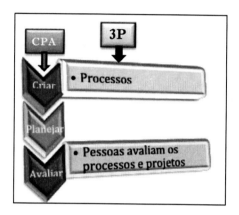

Figura 5.1 - Diagrama Metodológico
Fonte: criação da autora

Uma proposta de Inovação para a Gestão na Saúde pode considerar três níveis e integrar os modelos de CPA – Criar, Planejar e Avaliar, os 3 P´s – Pessoas, Processos e Projetos e a Avaliação proposta por TanaKa, 2018.

Na inovação da gestão ou na Gestão Inovadora, a Avaliação nos processos, resultados e em qualquer dos setores e atividades devem seguir os *padrões internacionais de avaliação* com o cumprimento dos quatro pilares da Avaliação, que deve ser **Precisa, Ética, Útil e Viável.**

Os valores da precisão, utilidade e viabilidade já estão de muitas formas inseridos nos projetos, quer de pesquisa, desenvolvimento e mais atualmente da inovação. Tratam de atributos mais pragmáticos e tem sua razão bem justificada nos meios e nos próprios fins, posto que sem custo razoável não seja viável, sem precisão deixa de servir ao propósito de ser útil. Mas a Ética? **A questão da ética** está mais profunda, necessária e urgente.

5.6 Considerações Finais e Proposições

Para o Bem ou para o Mal "Is your Call".

É uma frase de efeito para chamar a atenção no meio profissional de Propaganda e Marketing, mas em nossa sociedade está se tornando uma tônica. Realmente, em muitas e muitas vezes pode-se perceber o quanto as decisões não são tomadas e a alienação impera por questões de não escolha em nenhuma situação e para nenhum lado. E o problema é a **Globalização no Século XXI**? Talvez sim, talvez não. Pode-se pensar que ela veio para abrir caminhos, integrar, conhecer e estudar. Proposta de desafio. A proposta de inovar na Gestão pode ser um novo remédio para a Saúde.

Projetos de:
- Conhecer outros processos **usando a tecnologia**.
- Por que tanto tempo para um Fármaco chegar às prateleiras. Pacientes que não poderão esperar. **Diminuir o tempo de resposta de ensaios clínicos.** Como minimizar este prazo sem perda de qualidade e eficácia? E a Legislação?
- Capacitação transdisciplinar. Inovação e empreendedorismo como estratégia de sustentabilidade.
- Planejamento e avaliação como premissas de gestão. Cuidar da Saúde na Gestão da Saúde.
- Estudos para antecipar as **Novas Doenças por Mutações**.
- Estudos para prevenir **Antigas e novas infecções**.
- Estudar como o **Meio Ambiente pode contribuir**.
- **Transformar a** gestão que violenta, **Impede a cura e até mata em Gestão que cuida e aprimora**.
- Liderança, Flexibilidade e visão de futuro.

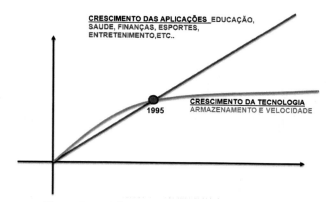

Figura 5.2 - Adaptação da autora / Fonte:IBM,1995

Finalmente:

A Saúde não condicionada para poucos, mas com uma Gestão Inovadora e como direito de todos.

Bibliografia

1. Christensen, Clayton M. Inovação na Gestão da Saúde Ed. Artmed, Porto Alegre, 2009.

2. Tanaka,Oswaldo Yoshimi. Avaliação do serviço de atendimento móvel de urgência (SAMU 192) em São Paulo, BV-Fapesp, SP, 2018

3. Spiller, Eduardo Santiago. Gestão dos Serviços Em Saúde, Ed. FGV, RJ, 2013

4. Taira, Sanmya Feitosa. Gestão Estratégica na Saúde, Editora Latria, SP,2009

5. Aline Cataldi,PUC,2013 – Educação Emocional: trabalhando a Inteligência Emocional.

6. Barker, Joel. **A visão do futuro - escola da vida, escolatrabalhoevida.com.br/wp- content/uploads/2011/.../visão_futuro_joelbarker.pdf. baixado em 25-4-20180.** JA Barker

7. Bastos, Carlos Pinkusfeld Jorge Britto; Inovação e geração de conhecimento científico e tecnológico no Brasil: uma análise dos dados de cooperação da Pintec segundo porte e origem de capital ; Revista Brasileira de Inovação - v. 16, n. 1 (2017) Rev. Bras. Inov. / Braz. Inov. J., Campinas (SP) – e-ISSN 2178-2822 DOI: http://dx.doi.org/10.20396/rbi.v16i1.8649139

8. Bom Angelo, Eduardo. Empreendedor Corporativo.RJ.Ed.Elsevier.2003

9. CARVALHO, Marinilza Bruno de; DIAS, José Carlos Vaz; RITTO, Antonio Carlos de Azevedo. Gestão da Inovação nas ICTs. Rio de Janeiro: Pode, 2011

10. Chesbrough, Henry. Open Innovation: The New Imperative for Creating and Profiting from Technology, Boston: Harvard Business School Press, 2003.

11. Christensen, Clayton M. e Raynor, Michael E. The innovator's solution; O crescimento pela inovação : Como crescer de forma sustentada e reinventar o sucesso – Tradução de Serra, Afonso C.C – Elsevier – RJ - 2003

12. CORAL, Eliza OGLIARI, Andre ABREU, Aline França de. Gestão Integrada da Inovação. São Paulo: Editora Atlas, 2011.

13. KOTLER, Philip TRÍAS DE BES, Fernando. A Bíblia da inovação. São Paulo: Texto Editores, 2011.

14. Londres, L.R. temos que voltar a Medicina Antiga. Jornal o Globo. RJ;9/6/2013;

15. http://oglobo.globo.com/saude/temos-que-voltar-medicina-antiga-8623572

16. Porter, M.E., Vantagem Competitiva, Editora Campus, Rio De Janeiro, 1990.

17. Ritto, Antonio Carlos. Organizações Caórdicas – Modelagem de Organizações Inovadoras. Ed. Ciência Moderna, RJ. 2005.

18. Salvo, Maria Paola de; Cavalcanti, Ulisses. Inovações automotivas podem nascer de foguetes, aviões e até do olhar de filósofos. Revista Quatro Rodas, 10/05/2013. RJ.

19. Berlinguer G. Causas sociales y implicâncias morales de las enfermedades (conferência de Berlinguer na Fio - cruz). [acessado 2015 ago 10]. Disponível em: http:// www.agencia.fiocruz.br/causas-sociales-y-implican - cias-morales-de-las-enfermedades-confer%C3%AAn - cia-de-berlinguer-na-fiocruz

20. CREMERJ. O Impacto das Novas Tecnologias na Medicina. Jornal do Cremerj, no 315, março de 2018. Publicação Oficial do Conselho Regional de Medicina do Estado do Rio de Janeiro. 2018.

21. HAYASHI & GISI, 2000, in Barra et all, 2006 - BARRA, D. C. C.; NASCIMENTO, E. R. P.; MARTINS, J. J.; ALBUQUERQUE, G. L.; ERDMANN, A. L. Evolução Histórica e Impacto da Tecnologia da Área da Saúde e da Enfermagem - Revista Eletrônica de Enfermagem, v. 08, n. 03, p. 422 - 430, 2006.

22. RIVERA e ATTMANN - RIVERA, Francisco Javier Uribe Rivera; ARTMANN, Elizabeth. Inovação e agir comunicativo: redes e tecnologias de gestão para a saúde - Cad. Saúde Pública, Rio de Janeiro, 32 Sup 2:e00177014, 2016.

Capítulo 6

Informação na Saúde

Carlos Augusto Ferrari Sabino, MD, MSc
Dercio Santiago Jr, DSc
Thaís Spiegel, DSc
Luis Cristovao Porto, MD, DSc

A informação tem hoje um papel que extrapola sua própria definição clássica. Seu uso instrumentaliza, e não causa alterações de comportamento e valores, modificando a forma e conteúdo de relações sociais e de trabalho. Ao analisar, porém, os diversos setores da sociedade e, dentro dela, a economia formal, observa-se que este não é um comportamento uniformemente distribuído. Existem substanciais diferenças na intensidade de uso de Tecnologia de Informação e Comunicação (TIC) entre os setores e subsetores.

Pesquisas anuais realizadas desde 2013 abordam a utilização da TIC em saúde no território nacional, utilizando metodologia proposta pela Organização para Cooperação e Desenvolvimento Econômico (8). Elas mostram um constante crescimento. Os focos principais, inicialmente, eram nas atividades administrativas do negócio – faturamento, estoques, farmácia e hotelaria. Sistemas integrados de gestão clínica de pacientes – Sistemas de Informação Laboratorial (SIL), Sistema de Informação em Radiologia (em inglês, *Radiology Information System* - RIS) e Prontuário Eletrônico do Paciente (PEP) – não constavam entre as principais soluções utilizadas. Atualmente há uma tendência de mudança deste quadro, com maior utilização de sistemas especialistas.

A intensificação do consumo de TIC em saúde não se manifesta primordialmente nas atividades-fim, ou seja, na assistência direta em seus diversos níveis. A alocação destes recursos tecnológicos é fragmentada, contemplando conjuntos de atividades isoladas em vez de vislumbrar a totalidade dos processos de trabalho dos profissionais envolvidos na assistência em saúde. A exceção fica por conta do subsetor Serviços de Apoio à Diagnose e Terapia (SADT), que se coloca sempre à frente da média, notadamente a Medicina Laboratorial.

O panorama brasileiro não é uma exceção frente ao que ocorre nos demais países ocidentais. Até 2010, a adoção de Sistemas de Registro Eletrônico em Saúde (SRES) não era uniforme entre os profissionais de saúde da Europa e Estados Unidos da América (9). A partir desta constatação, houve nos EUA um incremento tanto nas políticas de incentivo quanto de financiamento para que seus médicos adotassem soluções tecnológicas de informação, o que até recentemente não gerou os benefícios pretendidos particularly since the enactment of the Health Information Technology for Economic and Clinical Health (HITECH. De qualquer modo, foram políticas governamentais dos EUA, de incentivo e de subsídio, que provocaram este aumento de utilização de TIC.

No ambiente de serviços de saúde, dirigentes e profissionais parecem não atribuir o mesmo valor ao uso de SRES. Com efeito, gestores têm foco no conjunto de macroprocessos e processos da organização bem como sua inter-relação. Buscam a inovação e pretendem introduzir sistemas baseados em TIC, sob a forma de PEP, como medidas de controle de tempo, de trabalho, de custos e de informação, otimizando o negócio. Profissionais de saúde, por seu lado, buscam ferramentas que auxiliem na tomada de decisões a respeito do tratamento de seus pacientes e que tenham facilidade de uso, o que remete à categoria de controle de trabalho prioritariamente. Ambos reconhecem benefícios com sua adoção, mas seus interesses são controversos - conceito da teoria de ator-rede - e podem se constituir em uma dificuldade de implantação de sistemas de registro eletrônico de gestão clínica.

Se os diversos setores da economia formal têm diferentes níveis de intensidade de uso de TIC, é de se supor que o mesmo pode acontecer entre os subsetores de um mesmo setor. Na Medicina Laboratorial, que é proporcionalmente o maior componente dos SADT, já existem padronizações quanto ao formato de resultado de analitos bem como integração entre os equipamentos que processam as amostras biológicas e o SIL. Algo semelhante também acontece no subsetor de Diagnóstico por Imagem, que utiliza equipamentos digitais que geram um arquivo com extensão DICOM (*Digital Imaging and Communications on Medicine*), padrão internacional. Já o Prontuário não possui tais padrões, apenas modelos de registros que não são obrigatórios.

Os avanços tecnológicos incorporados aos processos de trabalho dos laboratórios de análises clínicas ou patologia clínica, agrupados como Medicina Laboratorial, foram significativos e apresentam um desenvolvimento contínuo. Abrangem desde sistemas de informação até novas metodologias de processamento de amostras biológicas. O SIL é um componente chave na operação de um laboratório. Se inicialmente se limitavam a capturar, registrar, armazenar e recuperar resultados de exames, hoje têm dois grandes desafios: processamento de uma quantidade elevada de dados demandado por técnicas analíticas de larga escala, e também a capacidade de consultas transversais de grandes bases de dados de laboratório.

Impulsionado por crescentes necessidades de integração com os demais componentes de gestão clínica de paciente e por diversas inovações nas tecnologias de informação, o escopo do SIL parece estar se modificando. A medicina laboratorial fornece informações relevantes para a tomada de decisões dentro do fluxo de trabalho de profissionais de saúde que prestam assistência direta aos pacientes. Ocorre que os resultados de exames por si só não significam muito; é em seu contexto que são valorados. Ou seja, determinado resultado tem um valor intrínseco ao método e um contextual, onde as condições de saúde do paciente associadas às medidas terapêuticas em curso é que determinam o exato valor clínico do exame. Tornar este cenário uma prática usual exige mudanças, e neste sentido uma inovação.

O presente capítulo analisa a integração dos Sistemas de Informação Laboratorial com sistemas de gestão clínica de pacientes, delineando o atual panorama e os desafios futuros.

Importante componente da cadeia de processos de assistência à saúde, fornecendo cerca de 70% das informações necessárias à tomada de decisões, a medicina laboratorial responde à demanda de profissionais habilitados que, após avaliarem as queixas e/ou necessidades de um paciente, escolhem um ou mais testes para verificar determinada suposição sobre o estado de saúde. A entrega pretendida dos laboratórios passa a ser o resultado dos testes requiridos, que interpretados no contexto clínico contribuem para a tomada de decisão, e mais além, para o desfecho clínico. Esta foi a lógica manifestada desde 1976, ou mesmo antes, e que pode ser mais bem entendida na Figura 6.1.

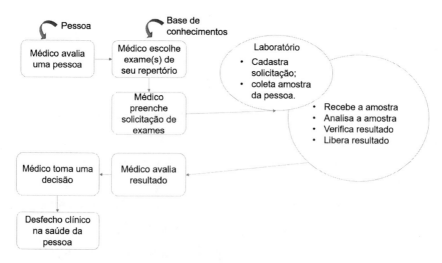

Figura 6.1 - Esquema simplificado de atividades de caso de uso de laboratório

Fonte: Os autores, 2018

Para auxiliar a administração das atividades intrínsecas aos laboratórios surgiram, na década de 1970, subsistemas precursores do SIL. Em princípio, restringiam-se a capturar os resultados obtidos da análise das amostras biológicas realizadas por processadoras. Evoluíram e incorporaram as novas Tecnologias de Informação e Comunicação (TIC), atualizando-se constantemente, e já na década de 1990 passaram a gerenciar o fluxo predefinido, baseado em boas práticas de trabalho do laboratório; a trabalhar com série de dados; a rastrear as amostras biológicas; e a monitorar o cumprimento de normas éticas e legais. Aliado a sistemas de gestão de controle de qualidade, e demais sistemas periféricos, tornaram-se indispensáveis para o funcionamento de unidades de medicina laboratorial. Seu *core business* está consolidado desde então, e é o reflexo de um modelo de negócios que prima pela centralidade nos processos que compõem a fase analítica (mais especificamente o conjunto de atividades técnicas de análise das amostras biológicas e seus resultados produzidos), ou simplesmente centralidade analítica, com as principais características, portanto, de especificidades e de vantagem competitiva para cada laboratório.

Os processos de trabalho orientaram a especificação dos requerimentos para o desenvolvimento dos SIL em um ambiente de produtividade e complexidade crescentes. Neles a amostra tem centralidade: é ela que vai ser identificada, monitorada e analisada. O paciente torna-se meramente um atributo dela. Neste contexto a entrega é o resultado do exame; sua valoração fugia ao âmbito do laboratório, que exercia com excelência as atividades dentro de seus muros, isolando-se. Isto não implica em dizer que houve uma negação das demais fases do processo (Figura 1) - pré e pós analíticas - na busca por aumento de qualidade e produtividade e na economia de escala em medicina laboratorial.

Este estágio foi alcançado no início dos anos 1990, com o advento e imediata intensificação de uso da *World Wide Web*, que removeu as barreiras daquela época para o avanço do SIL (Tabela 6.1). Nos anos finais de 1990 e nas décadas seguintes o que se deu foi a sofisticação do uso de SIL, ou seja, as questões internas dos laboratórios estavam resolvidas, o que permitiu que fossem incorporados outros aspectos que não as atividades intramuros. Outro ponto relevante foi que avanços tecnológicos no processamento das amostras biológicas propiciaram o surgimento de novos exames e também a diminuição do custo unitário de uma forma geral. Estes dois fatores influenciaram o aumento da demanda por exames de patologia clínica, com seu respectivo aumento de custo para os provedores dos serviços de saúde. O uso de SIL passou então a ser mais sofisticado, e o cenário mudou.

Tabela 6.1 – Desenvolvimentos relevantes de SIL por década

Década	Principais Desenvolvimentos	
1960-1970	Conversão analógico-digital - Redução de dados (*data reduction*)	Consolidação do *core business*
	Análise de radioimunoensaios	
1970-1980	Controle dos equipamentos em tempo real	
1980-1990	Controle inteligente do fluxo de trabalho (*workflow*)	
	Interfaceamento em tempo real com Sistemas de administração de pacientes	
	Cálculo automatizado de controles de qualidade	
	Automação de comentários nos resultados	
1990-2000	Laudos por e-mail	
	Acesso online para clínicas e enfermarias	Sofisticação de uso
	Solicitação remota de exames	
2000-2010	Suporte inteligente à decisão diagnóstica	
	Integração da automatização laboratorial	
	Controle e integração com exames laboratoriais na beira do leito (*point of care*)	
	Acesso aos dados dos pacientes	
	Consolidação e interoperabilidade em larga escala	

Fonte: Adaptado de Jones et al (2014) (26)

Buscando racionalização na solicitação de testes, com consequente diminuição de custos sem prejuízo à qualidade da assistência prestada, surgiram soluções do tipo *middleware*, não embarcadas no SIL, mas com interfaceamento, portanto integradas. Por definição, *middleware* é sempre uma ligação entre duas ou mais aplicações. Tal fato demonstra que a estrutura do SIL não foi modificada; as sofisticações vieram por meio de outras aplicações. Outra delas foi um sistema de *Computerized Physician Order Entry* (CPOE), cujo foco era, no que concerne aos laboratórios, integrar solicitação eletrônica com SIL. Uma revisão sistemática em 2007 mostrou benefícios da CPOE no trabalho dos profissionais de laboratório, porém não encontrou evidências de aumento na qualidade da assistência, devido à ausência de informações sobre desfecho clínico. Georgiou *et al.* apontaram que disfuncionalidades dentro dos laboratórios poderiam ser um dos efeitos de CPOE, além dos impactos, positivos ou não, alcançados. Ou seja, não se tratava somente de tecnologia, mas também de processos de trabalho.

Ainda neste contexto, os *Computerized Decision Support Systems* (CDSS) surgiram para, com seus algoritmos, sugerir exames e valorar resultados baseados em um banco de conhecimento, em protocolos, em *guidelines* e também em dados clínicos. O objetivo era otimizar as potencialidades dos resultados com maior racionalidade na solicitação dos testes subsequentes e com diminuição de custos, sem perder a qualidade da assistência. Em revisão recente, 2017, Delvaux *et al.* não evidenciaram diminuição na solicitação de exames com uso de CDSS, com pouco ou nenhum efeito no desfecho clínico. Ambas, CPOE e CDSS, continuam sendo propostas de integração do SIL com ambiente clínico. O modelo agora se desloca de um eixo estritamente analítico para a entrega de serviços clínicos, baseado em processos.

Vários autores propõem modelos de SIL integrados para além de seus muros, onde o desfecho clínico é a entrega. Em 1980, Cole explicita esta lógica seguido por Friedman e Mitchell em 1990, Friedman em 2001, Smellie em 2012 e

Jones *et al.* em 2014. Este é o modelo ideal, que é viável em se considerando as tecnologias disponíveis; espera-se dele a troca de informações com sistemas de gestão clínica, harmonização de testes, padronização de classificações e códigos, fornecimento de informações administrativas e financeiras e gestão da qualidade. Mas outros fatores influenciam diretamente a viabilidade deste modelo. Se a centralidade do SIL é na amostra, nos sistemas de gestão clínica a centralidade é no paciente. Integrar estas centralidades e seus processos tem-se mostrado um desafio cada vez maior.

Em 2011 nos Estados Unidos da América foram estabelecidos programas governamentais com subsídios federais para estimular a adoção de *Electronic Health Records* (EHR) certificados. EHR são definidos como sistemas que contêm as informações sobre os cuidados de saúde, inclusive assistenciais, com portabilidade, integração com demais sistemas da cadeia de processos e seletividade de acesso (35). Dentre os requisitos para esta certificação constam as funcionalidades para requisitar exames laboratoriais a partir do EHR integrado ao SIL e receber respectivos resultados do SIL diretamente no EHR. Este foi um fator estimulante da tentativa de avançar no desafio de integração de centralidades.

Uma ruptura no *core business* dos laboratórios e dos SIL não é possível nem desejável; a busca é por sua integração com o restante da cadeia de processos na assistência à saúde. O cenário de incentivo de uso de EHR integrados aos SIL nos Estados Unidos permitiu alguns estudos que apontavam necessidade de garantir: a) correta identificação de pacientes e de pedido; b) codificação e nomenclatura padronizadas de testes para os dois sistemas e c) notificação adequada e apropriada dos resultados. Há também outros aspectos relevantes desta integração. As solicitações feitas via EHR tiram do laboratório o controle dos processos, suscitando receio de aumento de erros, com impacto negativo nos indicadores de qualidade. Para evitá-los, todos os casos de uso devem estar previstos. Ainda, pedidos duplicados podem facilmente ocorrer a partir do EHR, visto a multiplicidade de profissionais envolvidos no tratamento que têm acesso à solução. Isto obriga o laboratório a ter uma verificação de pedidos no SIL, para que os resultados sejam associados às solicitações apropriadas. Aumenta assim o trabalho. Postula-se que o sucesso da integração leva em conta a redefinição de processos de trabalho dos profissionais do laboratório e da equipe clínica. O desempenho deve ser acompanhado por indicadores elegidos em comum acordo com os dois times.

A integração dos SIL, qualquer modalidade (*stand-alone* ou *enterprise-wide integrated*), com o ambiente clínico se dá através de duas funcionalidades: pedido e comunicação de resultado. Assim, o objetivo da funcionalidade pedido é transformar qualquer solicitação de exames em uma ordem de serviços internos, o que dispara uma sequência de atividades, ou processos. O objetivo da funcionalidade comunicação de resultado é divulgar os valores, já validados e homologados, encontrados na análise das amostras biológicas. No caso em questão, o EHR envia aos SIL pedido de exame de paciente feito por profissional habilitado, e então os SIL devolvem os respectivos resultados ao EHR, possibilitando assim sua valoração clínica. O modelo ideal de SIL, suportado por TIC atuais, que tem centralidade na entrega de serviços clínicos e que prima pela integração com os demais sistemas envolvidos na assistência à saúde encontra uma forma, certamente não a única, de tornar-se concreto, porém é moldado e limitado pela realidade. Uma maneira de constatar se isto está ocorrendo é analisar a produção de estudos e revisões acadêmicas sobre o tema, partindo da premissa que elas necessariamente abordam práticas em curso em determinado momento.

Em revisão sistemática da literatura sobre as funcionalidades pedido e comunicação de resultado como elementos de integração do SIL com sistemas de gestão clínica do paciente encontramos 127 estudos que abordavam, concomitantemente, SIL integrado com sistemas de gestão clínica e as funcionalidades pedido e comunicação de resultados. Foram identificados estudos a partir de 1969. Há uma dispersão considerável até o final dos anos 1980 (Figura 6.2).

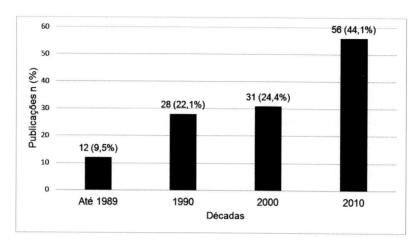

Figura 6.2 - Número de artigos publicados por década (n=127) / Fonte: Os autores, 2018

A frequência de cada função foi identificada entre as décadas, permitindo a avaliação da linha do tempo (Tabela 6.2).

Tabela 6.2 – Distribuição das funções do SIL por décadas

Funcionalidades do SIL	até 1989	Décadas n (%)			Total
	n (%)	1900	2000	2010	n (%)
Resultado	11 (13,4%)	23 (28,1%)	20 (24,4%)	28 (34,2%)	82 (100%)
Integração com sistemas	3 (4,8%)	12 (19,4%)	17 (27,4%)	30 (48,4%)	62 (100%)
Pedido	4 (7,3%)	11 (20,0%)	14 (25,5%)	26 (47,3%)	55 (100%)

Obs: Cada estudo pode ter uma ou mais funções identificadas. / Fonte: Os autores, 2018

Na comparação entre o primeiro período e a última década, a funcionalidade resultado mostrou uma acentuada diminuição na prevalência (45,5%), enquanto a prevalência da funcionalidade integração com sistema aumentou (114%). A funcionalidade pedido mostrou um aumento de prevalência, embora muito menos pronunciado (39,0%). A Figura 6.3 ilustra a situação.

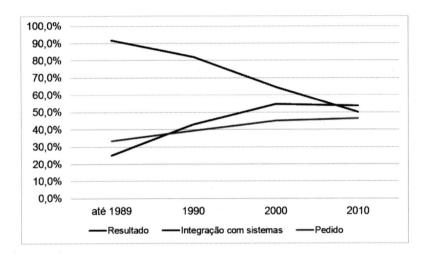

Figura 6.3 - Distribuição das funcionalidades resultado, integração com sistemas e pedido por década / Fonte: Os autores, 2018.

A frequência da associação com as funcionalidades pedido e resultado foi avaliada nos 62 que abordavam integração do SIL com um ou mais sistemas (Tabela 6.3 e Figura 6.4).

Tabela 6.3 – Funcionalidade associada com a integração com sistemas, por década

Funcionalidade associada com integração com sistemas	Décadas				
	até 1989	1990	2000	2010	Total
Resultado	2 (5,3%)	10 (25,3%)	10 (25,3%)	16 (42,1%)	38
Pedido	NI	7 (21,9%)	8 (25,0%)	17 (53,1)	32

Fonte: O autor, 2018

NI: não informado.

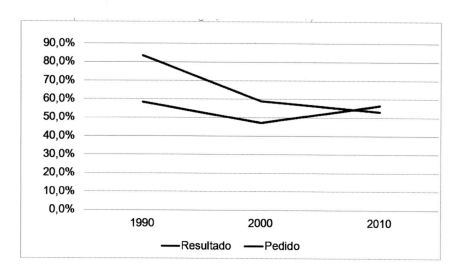

Figura 6.4 - Distribuição das frequências das funcionalidades resultado e pedido, associadas à integração com sistemas, por década / Fonte: Os autores, 2018

A partir da década de 1990, a associação com a funcionalidade resultado mostrou uma diminuição na frequência (-36%) até a década de 2010, enquanto a associação com a funcionalidade pedido declinou na década de 2000, mas retornou quase ao mesmo nível na década de 2010.

Quanto a quais eram os sistemas integrados com o SIL nos 62 estudos identificados têm-se a distribuição da Tabela 6.4.

Tabela 6.4 - Sistemas integrados com SIL, por década

Sistemas integrados com LIS		Décadas			
	até 1989	1990	2000	2010	Total
Electronic Health Records	NI	3 (10.7%)	5 (17.9)	20 (71.4%)	28 (45.2%)
Computerized Physician Order Entry	NI	1 (11.1%)	6 (66.7%)	2 (22.2%)	9 (14.5%)
Sistemas de comunicação de resultados	NI	1 (25.0%)	3 (75,0%)	NI	4 (6.5%)

Sistemas de informações clínicas não especificados	2 (50.0%)	1 (25.0%)	NI	1 (25.0%)	4 (6.5%)
Middleware de conversão e padronização de termos	NI	1 (25.0%)	NI	3 (7.,0%)	4 (6.5%)
Computerized Decision Support Systems	NI	2 (50.0%)	NI	2 (50.0%)	4 (6.5%)
Repositório de dados	NI	1 (50.0%)	1 (50.0%)	NI	2 (3.2%)
Electronic Medical Records	NI	NI	1 (50.0%)	1 (50.0%)	2 (3.2%)
Outros	NI	2 (40.0%)	1 (20.0%)	2 (40.0%)	5 (8.1%)

Fonte: Os autores, 2018

NI: não informado. Outros: identificação de paciente e amostra (n=2), gestão de processos (n=2), *Hospital Information System* - HIS (n=1). Sistemas de comunicação de resultados referem-se à transmissão de notificação compulsória de doenças ou comunicação de valor crítico; sistemas de informação clínica não especificados propõem agregar alguma informação clínica, seja no pedido ou no laudo, para auxiliar o trabalho do patologista clínico. Middleware buscam a conversão de vários formatos para nomenclatura e código padronizados de testes, aplicáveis à troca de informações. Repositório de dados refere-se à possibilidade de consultar resultados através de um banco de dados integrado ao LIS.

Encontramos uma predominância de EHRs integrados ao SIL na década de 2010, o que não se constatou nos períodos anteriores. Isto era esperado porque é uma nova terminologia para projetar solução de TI cuja tecnologia surgiu em meados de 1990, ganhando impulso em 2000. CPOE foi mais prevalente nos anos 2000 e na década de 2010 suas funcionalidades foram incorporadas pelo EHR, o que pode explicar sua diminuição. CDSS têm sido foco de poucos artigos. EMRs surgiram a partir dos anos 2000, mas é um termo muitas vezes intercambiável com EHR. Os dois artigos selecionados não fornecem elementos para a diferenciação correta.

Verificados então quais abordavam integração de sistemas e também as funcionalidades pedido concomitantemente com comunicação de resultado foi possível chegar a sete estudos quantitativos cujos dados foram extraídos para responder à questão principal da revisão sistemática. Neles foram utilizadas 34 variáveis para mensuração, por sua vez agrupadas de acordo com a definição da *Association for Pathology Informatics*, e constam na Tabela 6.5. Das 34 variáveis apenas quatro apareceram duas vezes (custo do teste, número de exames ordenados, número de punções venosas, tempo de retorno) entre os sete estudos. Um estudo contém essas quatro variáveis, um estudo contém número de punções venosas e tempo de retorno, um estudo contém número de testes solicitados e um estudo contém custos de testes. O fato de apenas quatro (11,8%) variáveis terem ocorrido duas vezes nos sete estudos quantitativos impediu qualquer análise estatística.

Tabela 6.5 - Agrupamento das variáveis dos estudos quantitativos por descrição funcional

Descrição funcional	%
Entrada de Pedidos / Pedidos (*Orders / Order Entry*)	21,1%
Gestão da Qualidade	13,2%
Amostra coletada (*Collections / Specimen Procurement*)	13,2%
Resultado / Consulta & Visualização (*Result / Result Inquiry & Viewing*)	10,5%
Faturamento (*Billing*)	5,3%
Comunicação (*Communication*)	2,3%
Admissão e cadastro (*ADT & Registration*)	2,6%
Outras e sem finalidade clínica	31,6%

Fonte: Os autores, 2018.

Definir inequivocamente qual sistema representa uma integração com o gerenciamento clínico, materializando o modelo de entrega de serviços clínicos de acordo com o que era considerado um SIL ideal ainda é um desafio. Uma razão para isso é a compreensão não uniforme das definições que cada nomenclatura traz. Termos como EHR, EMR e CPOE não possuem tradução adequada em vários idiomas, incluindo português brasileiro, e até mesmo em seus países originais podem ser usados com significados diferentes. Certamente EHR e EMR são sistemas de gestão clínica. CPOE pode ser simplesmente uma interface para transmissão de pedidos; às vezes recebem resultados sem qualquer ação adicional que contribua em termos de valor clínico. Em outros, associado a CDSS, é uma ferramenta significativa, auxiliando o trabalho dos profissionais de saúde. Os outros sistemas identificados representam esforços de integração, mas não são representativos de gestão clínica, pois não cobrem as funções ordem e resultado, apenas uma delas.

Quanto à frequência dos sistemas integrados, um número maior do que o encontrado poderia ser esperado para CDSS. Uma suposição seria que as funcionalidades deles podem ter sido incorporadas aos EHRs, a partir da década de 2010, o que causaria um decréscimo de sua frequência, o que parece plausível.

Existe grande heterogeneidade nas metodologias dos estudos quantitativos selecionados. No agrupamento por descrição funcional das variáveis observa-se que aquelas consideradas como atributos da funcionalidade pedido (número de códigos de teste ordenados incorretos, número de testes *add-on*, número de testes pedidos, tipos de testes pedidos, hora do dia, ordem utilizada, tempo de encomenda) são os mais frequentes, seguidos das funcionalidades amostra coletadas e gestão da qualidade e depois da funcionalidade resultado (tempo de informação dos resultados laboratoriais, velocidade dos resultados, notificação do resultado do teste, acessibilidade dos resultados). Esse cenário, junto com as evidências de que a funcionalidade resultado mostra uma prevalência declinante denota que a incorporação do modelo de entrega de serviços clínicos ao SIL não ocorreu até o momento.

Assim, a tendência em sofisticação do uso com subsistemas com algoritmos específicos por grupo de usuários (pediatria, geriatria) ou doenças (ex: em uso de anticoagulantes) predomina, complementada pelo incremento de uso e aplicação de novos biomarcadores (medicina preventiva e prognóstica) e aponta uma contradição com a *"sistemização"* para um *big data* em apoio à saúde individual e coletiva. Tal contradição coloca em destaque o desafio de efetivamente alcançar a recomendada integração. Não faltam tecnologias, elas já estão disponíveis. A inovação parece então estar no seu uso, o que necessariamente remete a discussão para outros âmbitos.

Torna-se necessário então mudar o enfoque e incorporar outras áreas de conhecimento. Políticas governamentais, sem necessariamente contemplar subsídios, historicamente têm se mostrado importante fator de incremento ao desenvolvimento e utilização de TIC. Isto é reflexo da proposição de padrões – no caso de Medicina Laboratorial, de codificação de exames e formato de resultados, bem como de troca eletrônica de informações – consensuais entre os centros de pesquisas, as sociedades representativas dos diversos segmentos e dos usuários de sistemas. Em um país continental como o nosso, aspectos culturais também são relevantes e tem impacto na usabilidade dos sistemas. E estudos sobre usabilidade de sistemas permitem a identificação e eliminação de barreiras à adesão ao uso. Ainda dentro desta lógica, para que sistemas sejam implantados, é preciso conhecer e avaliar os processos de trabalho envolvidos. É desta interação entre as várias áreas de conhecimento que pode surgir uma proposta inovadora de integração. O desafio é alcançá-la.

Bibliografia

1. Moresi EAD. Delineando o valor do sistema de informação de uma organização. Ciênc Informação [Internet]. 2000 [citado 2 de janeiro de 2017];29(1). Disponível em: http://revista.ibict.br/ciinf/article/view/895

2. Middleton B. Achieving U.S. Health Information Technology Adoption: The Need For A Third Hand. Health Aff (Millwood). 1º de setembro de 2005;24(5):1269-72.

3. Barbosa AF. TIC Saúde 2013 : [livro eletrônico] : pesquisa sobre o uso das tecnologias de informação e comunicação nos estabelecimentos de saúde brasileiros = ICT in health 2013 : survey on the use of information and communication technologies in brazilian health care facilities. [Internet]. 2º ed. São Paulo, SP: Comitê Gestor da Internet no Brasil; 2015. Disponível em: ttps://cetic.br/media/docs/publicacoes/2/tic_saude_2013_livro_eletronico.pdf

4. Barbosa AF. TIC Saúde 2014 [livro eletrônico] : pesquisa sobre o uso das tecnologias de informação e comunicação nos estabelecimentos de saúde brasileiros = ICT in health 2014 : survey on the use of information and communication technologies in brazilian health care facilities. [Internet]. São Paulo, SP: Comitê Gestor da Internet no Brasil; 2015. Disponível em: ttps://cetic.br/media/docs/publicacoes/2/tic_saude_2014_livro_eletronico.pdf

5. Barbosa AF. Pesquisa sobre o uso das tecnologias de informação e comunicação nos estabelecimentos de saúde brasileiros [livro eletrônico] : TIC Saúde 2015 / Survey on the use of information and communication technologies in brazilian health care facilities : ICT in health 2015. [Internet]. São Paulo, SP: Comite Gestor da Internet no Brasil; 2016. Disponível em: https://cetic.br/media/docs/publicacoes/2/tic_saude_2015_livro_eletronico.pdf

6. Núcleo de Informação e Coordenação do Ponto BR. Pesquisa sobre o uso das tecnologias de informação e comunicação nos estabelecimentos de saúde brasileiros : TIC Saúde 2016 = Survey on the use of information and communication technologies in brazilian healthcare facilities : ICT in health 2016 [livro eletrônico] . [Internet]. São Paulo, SP: Comite Gestor da Internet no Brasil; 2017. Disponível em: https://cetic.br/media/docs/publicacoes/2/tic_saude_2016_livro_eletronico.pdf

7. Núcleo de Informação e Coordenação, do Ponto BR. Pesquisa sobre o uso das tecnologias de informação e comunicação nos estabelecimentos de saúde brasileiros [livro eletrônico] : TIC saúde 2017 = Survey on the use of information and communication technologies in brazilian healthcare facilities : ICT in health 2017 [livro eletrônico]. [Internet]. São Paulo, SP: Comitê Gestor da Internet no Brasil; 2018. Disponível em: https://cetic.br/media/docs/publicacoes/2/tic_saude_2017_livro_eletronico.pdf

8. Draft OECD guide to measuring ICTS in the health sector [Internet]. [citado 20 de julho de 2017]. Disponível em: http://www.oecd.org/health/health-systems/Draft-oecd-guide-to-measuring-icts-in-the-health-sector.pdf

9. Davis K, Doty MM, Shea K, Stremikis K. Health information technology and physician perceptions of quality of care and satisfaction. Health Policy. 1º de maio de 2009;90(2):239–46.

10. Kruse CS, Kristof C, Jones B, Mitchell E, Martinez A. Barriers to Electronic Health Record Adoption: a Systematic Literature Review. J Med Syst. 1º de dezembro de 2016;40(12):252.

11. Ratwani RM, Hettinger AZ, Fairbanks RJ. Barriers to comparing the usability of electronic health records. J Am Med Inform Assoc JAMIA. 29 de agosto de 2016;

12. Farias JS, Guimarães T de A, Vargas ER de. Inovação em hospitais do Brasil e da Espanha : a percepção de gestores sobre o prontuário eletrônico do paciente [Internet]. 2012 [citado 27 de dezembro de 2016]. Disponível em: http://www.repositorio.unb.br/handle/10482/15985

13. Farias JS, Guimarães T de A, Vargas ER de, Albuquerque PHM. Adoção de prontuário eletrônico do paciente em hospitais universitários de Brasil e Espanha : a percepção de profissionais de saúde [Internet]. 2011 [citado 27 de dezembro de 2016]. Disponível em: http://repositorio.unb.br/handle/10482/15971

14. Latour B. Reagregando o Social. Salvador; Baurú, São paulo: Edufba; Edusc; 2012.

15. Sepulveda JL, Young DS. The ideal laboratory information system. Arch Pathol Lab Med. agosto de 2013;137(8):1129–40.

16. Cowan D. Laboratory informatics and the laboratory information system. In: Informatics for the clinical laboratory. New York: Springer; 2005. p. 1–20.

17. Grams RR, Pastor EL. New concepts in the design of a clinical laboratory information system (LIS). Am J Clin Pathol. 1976;65(5):662–74.

18. William Cole G. Biochemical test profiles and laboratory system design. Hum Pathol. 1980;11(5):424–34.

19. Friedman BA, Mitchell W. Horizontal and vertical integration in hospital laboratories and the laboratory information system. Clin Lab Med. 1990;10(3):627–41.

20. McPherson RA. Perspective on the clinical laboratory: new uses for informatics. J Clin Lab Anal. 1999;13(2):53–8.

21. Spackman K, Beck J. Approaches to improving laboratorybtest reporting. Lab Med. outubro de 1991;22(10):725–7.

22. Whitby LG, Simpson D. Experience with on-line computing in clinical Chemistry. J Clin Pathol. 1969;S2-3(1):107–24.

23. Hoehne KH, Dahlmann K, Dix WR, Harm K. Computer application in the clinical laboratory. The information system approach with the system LAB-MAT. Methods Inf Med. 1974;13(4):226–32.

24. Gray CH, Hirst AD, Howorth PJN, Locke TP, Mellor B, Walter M. Implementation of a British computer system for laboratory data handling. J Clin Pathol. 1974;27(12):1005–12.

25. Eleveitch F, Spackman K. Clinical laboratory informatics. In: Tietz fundamentals of clinical chemistry. 5º ed Philadelphia: WB Saunders Company; 2001. p. 262–71.

26. Jones RG, Johnson OA, Batstone G. Informatics and the Clinical Laboratory. Clin Biochem Rev. agosto de 2014;35(3):177–92.

27. Sinard JH, Castellani WJ, Wilkerson ML, Henricks WH. Stand-alone Laboratory Information Systems Versus Laboratory Modules Incorporated in the Electronic Health Record. Arch Pathol Lab Med. 27 de fevereiro de 2015;139(3):311–8.

28. Hindmarsh JT, Lyon AW. Strategies to promote rational clinical chemistry test utilization. Clin Biochem. agosto de 1996;29(4):291–9.

29. Georgiou A, Williamson M, Westbrook JI, Ray S. The impact of computerised physician order entry systems on pathology services: A systematic review. Int J Med Inf. julho de 2007;76(7):514–29.

30. Georgiou A, Westbrook J, Braithwaite J, Iedema R, Ray S, Forsyth R, et al. When requests become orders - A formative investigation into the impact of a computerized physician order entry system on a pathology laboratory service. Int J Med Inf. agosto de 2007;76(8):583–91.

31. Haynes RB, Wilczynski NL. Effects of computerized clinical decision support systems on practitioner performance and patient outcomes: Methods of a decision-maker-researcher partnership systematic review [Internet]. Implementation Science. 2010 [citado 3 de abril de 2018]. Disponível em: http://link.galegroup.com/apps/doc/A219916011/AONE?sid=googlescholar

32. Delvaux N, Van Thienen K, Heselmans A, de Velde SV, Ramaekers D, Aertgeerts B. The Effects of Computerized Clinical Decision Support Systems on Laboratory Test Ordering: A Systematic Review. Arch Pathol Lab Med. 28 de fevereiro de 2017;141(4):585–95.

33. Friedman BA. The total laboratory solution: a new laboratory E-business model based on a vertical laboratory meta-network. Clin Chem. agosto de 2001;47(8):1526–35.

34. Smellie WSA. Demand management and test request rationalization. Ann Clin Biochem. 1º de julho de 2012;49(4):323–36.

35. What is an electronic health record (EHR)? | HealthIT.gov [Internet]. [citado 2 de abril de 2018]. Disponível em: https://www.healthit.gov/faq/what-electronic-health-record-ehr

36. Medicare and Medicaid Programs; Electronic Health Record Incentive Program-Stage 3 and Modifications to Meaningful Use in 2015 Through 2017 [Internet]. Federal Register. 2015 [citado 5 de abril de 2018]. Disponível em: https://www.federalregister.gov/documents/2015/10/16/2015-25595/medicare-and-medicaid-programs-electronic-health-record-incentive-program-stage-3-and-modifications

37. Wilkerson ML, Henricks WH, Castellani WJ, Whitsitt MS, Sinard JH. Management of Laboratory Data and Information Exchange in the Electronic Health Record. Arch Pathol Lab Med. março de 2015;139(3):319–27.

38. Østbye T, Moen A, Erikssen G, Hurlen F. Introducing a module for laboratory test order entry and reporting of results at a hospital ward: An evaluation study using a multi-method approach. J Med Syst. 1997;21(2):107–17.

39. Smith BJ, McNeely MD. The influence of an expert system for test ordering and interpretation on laboratory investigations. Clin Chem. agosto de 1999;45(8 Pt 1):1168–75.

40. Mekhjian HS, Kumar RR, Kuehn L, Bentley TD, Teater P, Thomas A, et al. Immediate benefits realized following implementation of physician order entry at an academic medical center. J Am Med Inform Assoc. 2002;9(5):529–39.

41. Grisson R, Kim JY, Brodsky V, Kamis IK, Singh B, Belkziz SM, et al. A novel class of laboratory middleware: Promoting information flow and improving computerized provider order entry. Am J Clin Pathol. 2010;133(6):860–9.

42. Gascón F, Herrera I, Vázquez C, Jiménez P, Jiménez J, Real C, et al. Electronic health record: Design and implementation of a lab test request module. Int J Med Inf. 2013;82(6):514–21.

43. West DR, James KA, Fernald DH, Zelie C, Smith ML, Raab SS. Laboratory medicine handoff gaps experienced by primary care practices: A report from the Shared Networks of Collaborative Ambulatory Practices and Partners (SNOCAP). J Am Board Fam Med. 2014;27(6):796–803.

44. Petrides AK, Bixho I, Goonan EM, Bates DW, Shaykevich S, Lipsitz SR, et al. The Benefits and Challenges of an Interfaced Electronic Health Record and Laboratory Information System: Effects on Laboratory Processes. Arch Pathol Lab Med. março de 2017;141(3):410–7.

45. Splitz AR, Balis UJ, Friedman BA, Tuthill JM. Use of the LIS Functionality Assessment Toolkit: A Methodology for Assessing LIS Functionality and Enabling Comparisons Among Competing Systems [Internet]. Association for Pathology Informatics; 2013. Disponível em: https://www.pathologyinformatics.org/docs/1._Use_of_the_LIS_Toolkit_-_White_Paper_-_V_1.0.pdf

Capítulo 7

Gestão Pública com Protagonismo Social para Impulsionar Participação, Criatividade e Inovação

Marinilza Bruno de Carvalho
Antonio Carlos de Azevedo Ritto

7.1 Introdução

A transição da sociedade industrial para a sociedade do conhecimento reclama novos modelos para gestão em geral, mas com destaque a Gestão Pública. As aceleradas mudanças ocorridas nas dimensões econômica, social, cultural e tecnológica determinam uma reflexão a respeito de novas formas de modelagem para estruturação do trabalho, novas perspectivas para percepção e formas mais cooperativas de participação das pessoas que precisam ser resgatadas da posição alienada, própria do modelo fordista de produção, para o protagonismo possibilitado pela era do conhecimento.

Estima-se que em 2050, 75% da população estarão nas cidades o que gera grandes regiões metropolitanas e novas organizações espaciais que desafiam modelos tradicionais de governança que provocam distanciamento entre os poderes constituídos e os cidadãos.

É possível, e a nosso ver desejável, mudar a concepção do governo, de uma administração científica para um centro de relações e obrigações éticas, o serviço público construído sobre a ideia do interesse público com os gestores públicos trabalhando a serviço da cidadania. Embora a ciência possa nos dizer o que é e o que existe, ela não pode nos dizer o que deve ser. Embora a ciência possa determinar a probabilidade que certas ações nos conduzam de maneira eficiente a nossos objetivos, ela não pode nos dizer quais devem ser esses objetivos.

Podem ser cogitados outros modelos, possivelmente menos ordenados nos seus processos, mais difusos nos seus objetivos, menos disciplinados nos seus métodos de gestão, menos padronizados nos seus processos de produção, menos globais, mais focados no local e nas pessoas, colocadas no centro das reflexões, origem e destino das iniciativas.

A proposta de Gestão Pública com Protagonismo Social se sustenta na ideia do interesse público, na ideia de gestores públicos a serviço da cidadania. Sustenta que a gestão pública deve começar com o reconhecimento de que a existência de uma cidadania engajada e esclarecida é o fundamento para a governança democrática, do estímulo ao talento, à criatividade, à inovação. Reconhece também que o comportamento humano não é apenas questão de autointeresse, mas também envolve valores, crenças e preocupação com os outros. Os cidadãos são capazes de atuar juntos em busca do bem maior. O interesse público transcende a agregação dos autointeresses individuais, procura valores compartilhados e interesses comuns por meio de um amplo diálogo e do engajamento de cidadãos. O próprio serviço público é visto como uma extensão da cidadania; ele é motivado por um desejo de servir os outros e de alcançar objetivos públicos.

Mas tanto a consideração do interesse público como a governança democrática pressupõem o papel do gestor público como articulador, facilitador e catalisador dos anseios dos cidadãos. A tecnologia de redes propicia novas formas de envolvimento das pessoas e permite mais transparência na gestão pública com efetiva e permanente participação cidadã, com protagonismo social.

7.2 Novos Grupos de Pensamentos e Percepções

Enquanto no passado as informações e o conhecimento estavam muito concentrados nos agentes dos governos, que também eram o único ator a produzir políticas públicas, atualmente há muito mais envolvidos, desde pequenas organizações em nível local até grandes organizações mundiais como a OMC. Esses grupos incluem organizações comunitárias, cooperativas, grupos promotores de interesses ou causas especiais, organizações de serviços, partidos políticos, escolas, entidades de caridade e grupos profissionais que podem, inclusive, atravessar fronteiras nacionais. Por conta da intensidade e diversidade destas participações faz cada vez mais sentido falar não somente de governo, mas também de governança. Estamos aqui entendendo Governança como o esforço contínuo e organizado dos agentes envolvidos em um projeto ou processo no sentido de obter o melhor alinhamento possível de interesses. O processo de governança se refere à maneira como são tomadas as decisões e como os diversos agentes interagem na formulação dos propósitos e no controle da execução dos processos e projetos deles decorrentes. Governança em rede é a conciliação da postura hierárquica tradicional com as possibilidades proporcionadas pelas redes, que organiza os envolvidos numa estrutura mais horizontal. Uma rede é um conjunto de agentes independentes unidos por valores compartilhados, pensamentos e percepções.

Reconhecemos como central o papel da sinergia entre conhecimentos científicos, empíricos ou intuitivos para geração de riqueza e agregação de valor. As sociedades se caracterizam pela capacidade de absorção dos impactos de inovações tecnológicas, capacidade de conhecer, entender e utilizar os recursos tecnológicos e suas implicações éticas, sociais e ambientais. Os centros mais avançados em cada país se concentram na criação de conhecimento cientifico-tecnológico e incorporaram as inovações no cotidiano sem preocupação com as consequências sociais, sobretudo na exclusão crescente; na verdade uma elite socioeconômica intelectualmente incluída desenvolve valores pertinentes aos instrumentos tecnológicos disponibilizados. Não há dúvida que a superespecialização tem proporcionado muitos avanços, mas pode ser complementada por iniciativas comprometidas com Desenvolvimento Local. A insuperável historicidade do real a cada momento se impõe, não como obstáculo ao conhecimento, mas como inspiração das possibilidades de ação.

O crescente envolvimento de diversos grupos na concepção e na implementação, desde políticas públicas até desenvolvimento de projetos e de processos, por meio das redes de governança, tem consequências para o entendimento e a avaliação dos processos democráticos. Um conceito relevante é a Governança democrática em rede – como se poderia estruturar e operar redes de governança em conformidade com ideais democráticos? A governança democrática em rede pode incorporar, da melhor maneira, normas de transparência e engajamento cívico, proporcionando maior participação e consequente responsabilidade de uma Sociedade Cidadã.

Algumas mudanças já estão insinuadas como a capilaridade dos recursos computacionais, a difusão em larga escala de dispositivos móveis, a conectividade – o mundo na palma da mão - redução acentuada dos custos de produção, competição globalizada –, identificação e contratação de serviços -, comoditização de bens materiais, crescente importância dos aspectos imateriais dos bens e do trabalho – conhecimento, percepção, relacionamento, sensação de pertinência -, dissolução das formas estáveis de relacionamento com busca de espaços de inserção, tribalização dos hábitos e da cultura, mistura constante, estruturação e reestruturação - confesso, logo existo – posso, tenho, que falar de mim para quem quiser ouvir – intensificação do uso das redes sociais. As mudanças estão aí!

Que mudanças afetarão nossas vidas nos campos emocional, profissional, de entretenimento, da saúde, do comportamento, da legislação, do convívio? Como nos preparar para as mudanças? O que precisamos aprender, o que teremos que esquecer, o que teremos que transformar? Como será nossa vida, nas suas diversas dimensões no futuro próximo.

Certamente inovação é palavra de ordem e em várias dimensões. Temos que aprender a lidar com inovações que praticamente nos são impostas, mas teremos também que aprender a inovar.

Nós, da Universidade, temos um compromisso a mais, ensinar a inovar!

7.3 Aprendendo a Inovar

O processo de inovação pode ser trivial para uns e muito difícil para outros. As pessoas de forma individual ou em coletividade tendem a negar o desconhecido e o processo científico contribui para esta dificuldade. Quem disse? Foi testado onde? Quanto tempo já funcionou? Estas questões definem o tripé do modelo científico e que coloca a todos na zona de conforto. Foi testado, já existe há um bom tempo e tem autor culpado de tudo.

Aprender a Inovar pressupõe usar o conhecido, mas com combinações não testadas, ingredientes diversos que gerem novos resultados ainda não testados nem conhecidos. A inovação sugere sair da zona de conforto para testar e experimentar soluções diferentes. Cabe e exige riscos calculados, evidentemente, equipe, liderança, flexibilidade e muito planejamento para resultados possíveis e não desejados, colaboração e correção de rumos. Inovar é trilhar um caminho novo.

Existem dados, testados e provados, que as empresas que conseguiram superar a crise (2014-2017) foram as empresas que mais inovaram. Buscar novas soluções para problemas antigos é uma métrica saudável para o século XXI.

134 — Inovação em Saúde: uma nova era

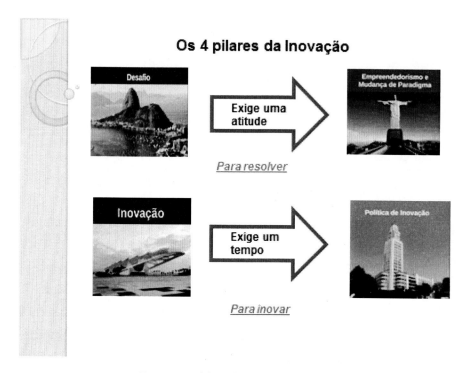

Figura 7.1 Elaborado pelos autores, 2018

Algumas características contribuem para um ambiente propício à Inovação, são elas:

1. Projeto com objetivos e metas claros.

    O projeto deve ter objetivos e metas claros e transparentes como solução de um problema e que traga benefícios e resultados positivos para um segmento da sociedade.

2. O trabalho de equipe cooperativo;

    É muito importante que toda a equipe saiba exatamente seu papel no projeto, o valor e resultado de sua participação e

3. Planejamento e acompanhamento contínuo de prazos, resultados e correção de rumos.

O controle e supervisão dos prazos e qualidade dos produtos é vital para o bom desempenho do processo de inovação, aprendizagem e resultados.

O produto, processo ou serviço gerado em ambiente de inovação tende a ser alimentado por outras inovações. Posto que ao sair da zona de conforto, a adrenalina de um caso de sucesso é caminho aberto para mais inovações.

No entanto, é perigoso pensarque "aquilo que deu certo uma vez, dará certo novamente".

> **O sucesso passado não garante nada**
> **Joel Barker, 17.**

Isto significa dizer, que inovar é "Ser eterno Aprendiz", há que se identificar o ambiente, a cultura instalada, as pessoas (perfis) e as propostas ou demandas/problemas. A metodologia dos 3P permite algumas sugestões, tais como: **3 P – Pessoas, Processos e Projetos.**

- Os processos estão desenhados em Ambientes e apresentam culturas Organizacionais Instaladas e por vezes muito enraizadas, com gargalos interessantes e desafiadores.
- As pessoas delineiam perfis diversos, absolutamente condizentes com projetos de equipes colaborativas, mas que desafiam lideranças e governanças.
- E os projetos devem ter clareza nos objetivos e tipos de resultados de modo que as pessoas possam desejar participar como protagonistas dos bons resultados e que os novos processos possam ser articulados e atualizados no ambiente e cultura existentes.

Discorrer sobre Inovação, gestão e planejamento é como falar da teoria matemática e não dar exemplos práticos. Assim sendo, apresentamos o **Case Uerj: Ino-**

vação no Hupe, um projeto em desenvolvimento, mas que já cumpriu algumas fases preliminares sobre as quais podemos discorrer.

7.4 Case UERJ de Inovação

Idealizado para atender ao Hospital Universitário Pedro Ernesto da Uerj, foi criado um Grupo de Trabalho para estudar como a Tecnologia e a Inovação podem ser aprimoradas, instaladas e instauradas no Hospital.

Seguindo o processo proposto: Desenhamos um pequeno projeto com muita clareza de objetivos: Trouxemos as Faculdades de Engenharia, de Computação e Design para dentro do Hospital. A equipe foi então composta com convite de professores das 3 Unidades da Uerj (Engenharia, Computação e Design) que desejassem e pudessem desenvolver projetos nas suas áreas de competência na orientação de alunos, como projeto final, voltados para o hospital.

A primeira reunião do Grupo de trabalho foi realizada em março de 2018, com a apresentação da Proposta e as áreas de atuação.

Foram reuniões mensais de controle e as reuniões técnicas de cada área. O Hospital foi reconhecido na visão do Design e Ergonomia, com identificação de gargalos e ideação dos alunos sobre que inovação poderia trazer.

A área de Computação iniciou atendendo as demandas mais urgentes para o desenvolvimento de aplicativos, de modo que no mês de março de 2019 tivemos a apresentação de quatro softwares soluções para o Hupe.

A Engenharia desenhou soluções mais específicas voltadas para obras elétricas e de espaço físico.

O modelo do Projeto ITS - Inovação e Tecnologia na Saúde, seguindo a metodologia Canvas:

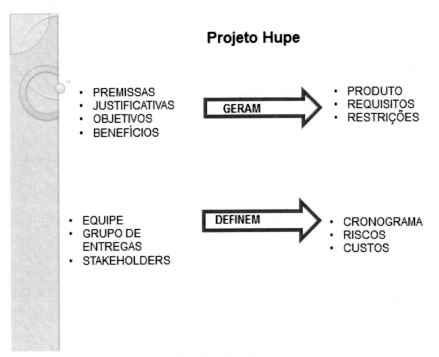

Figura 7.2 Elaborado pelos autores, 2018

Premissas

Que a parceria com a indústria para desenvolver novas soluções identificadas como demandas criam grandes oportunidades de colocação profissional, crescimento intelectual, industrial e organizacional.

Justificativa

As janelas de oportunidades que surgem oferecem perspectivas ainda não visualizadas para o desenvolvimento de inovações, principalmente na **Saúde**. Cabe à Universidade se inserir para transformar e desenvolver.

1. Objetivo
Pesquisar e desenvolver **Inovação Tecnológica** nas áreas de computação, engenharia e ergonomia para o **Complexo de Saúde** da UERJ.

2. Benefícios
Os projetos de graduação em ambiente acadêmico juntamente com ambiente profissional mobiliza o desenvolvimento e a formação profissional.
Apresenta a Parceria para desenvolvimento de Soluções como processos e produtos Inovadores.
Insere a pesquisa e desenvolvimento de novos produtos em parceria com a indústria.

3. Produto
Como soluções inovadoras para a saúde

4. Requisitos
Grupo de professores orientadores, pesquisadores e alunos de pesquisa e projeto final.
Contato no Hospital, para coordenar as atividades de integração e desenvolvimento.

5. Restrições
São Projetos voltados para a área de saúde e gestão em saúde.

6. STAKEHOLDERS
Hupe, Unidades Acadêmicas IME; FEN; ESDI . Unidades Administrativas Dijur e Inovuerj.

7. Equipes
Grupos de Trabalho na UERJ:
- Grenge – Faculdade de Engenharia;
- Grime – Instituto de Matemática e Estatística;
- Greed – Escola de Desenho Industrial

8. Grupo de entregas e modalidade
1 - Produtos de média complexidade sem sigilo – projeto de graduação
2 - Produtos de média / alta complexidade com ou sem sigilo e apresentados em parceria com empresas
3 - Produtos de alta complexidade, com sigilo e cotitularidade, em parceria e sob a Lei do Bem

9. Riscos
Dificuldades na formação de equipes
Gargalos burocráticos
Dificuldades com a Legislação atual

10. Entregas
Entrega 1 - Planejamento - 4 meses – concluído.
Entrega 2 - Os requisitos foram entregues e em março/2019 foram apresentadas 4 softwares para desenvolvimento no Hupe.
Entrega 3 - Produtos iniciais – lançados em junho e outubro de 2019.

11. Custos
Carga Horária de Professor e Técnicos da UERJ.
Parcerias com recurso a negociar
Parcerias com recurso para UERJ

7.5 Conclusão

Temos que concluir a importância de trabalhar a Inovação e, principalmente, o Ambiente para Inovação com o processo de Colaboração e de Governança da Inovação. A Academia tem um cabedal de possibilidades que bem articulada, integrada colaborativamente e feita uma competente Gestão poderá ser o **Cluster de Soluções Inovadoras e Resolução de Problemas do Século XXI.**

É nesta linha e com esta premissa que o Projeto de Inovação do Hupe foi criado, bem como, muitos outros na Universidade, em parceria com empresas da Sociedade, para que juntas possam identificar problemas e propor soluções.

Bibliografia

1. Inovação e geração de conhecimento científico e tecnológico no Brasil: uma análise dos dados de cooperação da Pintec segundo porte e origem de capital; *carlos pinkusfeld bastos, jorge britto,2014*

2. Revista Brasileira de Inovação - v. 16, n. 1 (2017) rev. Bras. Inov. / braz. Inov. J., campinas (sp) – e-issn 2178-2822doi: http://dx.doi.org/10.20396/rbi.v16i1.8649139

3. Carvalho, M.B; Ritto,A.C.A.,Dias,J.C.V.: Gestão da Inovação nas ICT's – pod-editora,rj.2011.

4. Christensen, Clayton m. E Raynor, Michael e, The Innovator Solution; o crescimento pela inovação : como crescer de forma sustentada e reinventar o sucesso. Tradução de serra, afonso c.c elsevier rj -2003.

5. Relatório da Thomson-Reuters compara produção acadêmica e investimento em inovação de Brasil, China, Rússia, Índia e Coreia do Sul, 2013.

6. Viana da Silva, Marcos Vinícius, José Éverton da Silva; A organização mundial da propriedade intelectual e a necessidade de adoção transnacional de medidas para promoção das patentes verdes. Revista de direito, inovação, propriedade intelectual e concorrência; doi: http://dx.doi.org/10.21902/25260014/2016.v2i2.1529

7. Ritto,A.C.A.,Carvalho, M.B; Compliance e ética, Ed, Ciência Moderna, 2018.

8. Carvalho, M.B; Ritto,A.C.A. Empreendedorismo e Tecnologias Inovadoras; Ed, Ciência Moderna, 2017

9. Ritto,A.C.A.,Carvalho, M.B; Governança: Estratégias de Inovação na Gestão, Ed, IBEC,2018

Capítulo 8

Conclusão

Prof. Antonio Carlos de Azevedo Ritto

Temos que destacar a importância de trabalhar a Inovação e, principalmente, o Ambiente para Inovação com o processo de Colaboração e de Governança da Inovação. A Academia tem um cabedal de possibilidades que bem articulada, integrada colaborativamente e sob uma competente gestão a universidade poderá ser o Cluster de Soluções Inovadoras e Resolução de Problemas do Século XXI.

É nesse sentido e com essa premissa que o Projeto de Inovação do Hupe foi criado, bem como, muitos outros na Universidade, em parceria com empresas e com a Sociedade, para que juntas possam identificar problemas e propor soluções.

A área de Saúde e a Universidade precisam assumir nesse momento um papel de evolução da sociedade em direção a valores que privilegiem o humano e a qualidade das relações entre as pessoas.

O Hospital e a Saúde são certamente pontos fulcrais na medida em que lidam com o sofrimento das pessoas.

O Projeto que estamos desenvolvendo precisa ser permanente, uma vez que a tecnologia se desenvolve numa velocidade maior do que a capacidade das pessoas e das instituições de entendê-la e aplicá-la.

Sobretudo na área de saúde, há hoje um conjunto de instrumentos tecnológicos que podem minimizar sofrimentos e salvar vidas que não são utilizados na maioria dos hospitais: certamente há limites impostos pelos valores envolvidos na instalação desses instrumentos, mas a evolução mais rápida de suas utilizações poderá ser acelerada com a proposta de unir para discutir, propor e implementar soluções, profissionais de saúde e profissionais das diversas áreas de competência tecnológica.